Arbeitstexte für den Unterricht

Kürzestgeschichten

FÜR DIE SEKUNDARSTUFE
HERAUSGEGEBEN VON
HANS-CHRISTOPH GRAF VON NAYHAUSS

PHILIPP RECLAM JUN. STUTTGART

Universal-Bibliothek Nr. 9569

Gesamtherstellung: Reclam, Ditzingen. Printed in Germany 1982
ISBN 3-15-009569-7

Inhalt

I. Vorwort

Kürzer als ein Haarschnitt lang[1], als »Zwergprosa« und »Bagatelle« bezeichnet[2], zum »Kleinvieh der Prosa«[3] gehörig, im Umfang zwischen zwei Zeilen und höchstens drei Seiten, denn darüber hinaus redet man von der Kurzgeschichte, so ist die Kürzestgeschichte bisher durch alle Definitionsraster der Literaturwissenschaft hindurchgefallen. Kürzestgeschichten führten bis in die 60er Jahre neben der literaturwissenschaftlich definierten und im Mittelpunkt des Interesses stehenden Kurzgeschichte ein Schattendasein, obwohl sie als Nebensproß der Erzählung und der Kurzgeschichte schon eine lange Tradition besaßen. Man denke nur an die Kurzprosa eines Robert Walser, Franz Kafka und Bertolt Brecht oder an die Hervorhebung von Einzelheiten und die Splittertechnik in den Texten des Expressionismus, etwa Gottfried Benns Rönne-Prosa. Zwar machten 1955 die Herausgeber der Literaturzeitschrift *Akzente*, Hans Bender und Walter Höllerer[4], erneut aufmerksam auf diesen Nebensproß. Sie druckten Geschichten ab, die teilweise schon keine Geschichten mehr sind, die nur noch aus zwei oder drei Sätzen bestehen, die auch, wie *Nächtliches Stadion* von Günter Grass, der lyrischen Prosa zugerechnet werden können und einer Lektürezeit von kaum einer Minute bedürfen. Aber erst seit Helmut Heißenbüttels Kurzprosa in *Textbücher I–VI* (1960–67), Reinhard Lettaus *Auftritt Manigs* (1963), Peter Bichsels *Eigentlich möchte Frau Blum den Milchmann kennenlernen* (1964), der dafür den Preis der Gruppe 47 erhielt, und Günter Eichs *Kulka, Hilpert,*

1. Vgl. Paul Fechter: Kleines Wörterbuch für literarische Gespräche. Gütersloh 1949.
2. Heimito von Doderer: Die Erzählungen. Hrsg. von Wendelin Schmidt-Dengler. Nachwort des Herausgebers. München 1972. S. 493.
3. Walter Höllerer: Die kurze Form der Prosa. In: Akzente 9 (1962) Heft 3, S. 226–245, hier: S. 237.
4. Vgl. Akzente 2 (1955) Heft 6, S. 513–519.

Elefanten (1968) rückte die Kürzestgeschichte in den Vordergrund des literarischen Interesses.
Bisher hatten die erfolgreichen Kurzgeschichtenautoren nach 1945 zunächst Kriegs- und Hungerjahrethemen, in den 50er Jahren Themen der satten, hohlen Wirtschaftswundergesellschaft bevorzugt. In den 60er Jahren wandte man sich sozialkritischen Hintergründen zu, wobei das repressive bürgerliche Denken angeprangert wurde. Stilistisch hatten sich die Autoren vom anfänglichen Realismus zu einer immer stärker psychologisch orientierten Schreibweise entwickelt, die auch den Weg zum surrealen Genre, zu den Phantasien der »Innenwelt der Außenwelt« öffnete. Ab 1968 nun verknüpften sich alle diese Entwicklungsstränge. Die in dieser Zeit erschienenen Prosabände von Jürgen Becker, Helga M. Novak, Christa Reinig, Peter Handke, Wolf Wondratschek, Thomas Bernhard, Gabriele Wohmann, Günter Bruno Fuchs und Günter Kunert dokumentieren ein neues verändertes Formbewußtsein. Die Subjektivität in Perspektive, Darstellungsart und Thematik bemächtigte sich der Kürzestgeschichte als der ihr gemäßen Ausdrucksform und drängte die Nachfolger der Kurzgeschichte, das zunächst bevorzugte Protokoll und die Reportage, also trotz der vorgegebenen Sachlichkeit politisch und gesellschaftlich sehr stark engagierte literarische Aktionsformen, zurück. In einer Welt, in der der Appell an die Einsicht sowie die Dokumentation des Veränderungsnotwendigen beim Leser kaum Handlungen und Reaktionen gezeitigt hatten, bot nur noch der Rückzug auf das Ich, auf das, was gefühlt und gedacht wird, ein sicheres Terrain. Um der Verunsicherung der Ausdrucksformen zu begegnen, begann man wieder am überschaubaren Detail. Man prüfte die Sicherheit des Wortes, weniger Sätze, kleiner Texte. Die Kürzestgeschichte mit ihrer Hervorhebung und Erprobung von sprachlichen Einzelelementen, von Minimalstrukturen ist dafür charakteristisch.
Der in sprachlicher Hinsicht experimentelle, selbstgenügsame Charakter der Kürzestgeschichte läßt nicht mehr wie in der Kurzgeschichte die Hoffnung zu, daß schon die

Erweckung von Engagement zur Verbesserung der Weltverhältnisse führe. Allerdings leitet die Kürzestgeschichte auch nicht wie das Protokoll oder die Reportage zum aktiven politischen Handeln an. In ihr bergen sich eher die poetisch-reflektorischen Tendenzen der Erzählproduktion. Einsicht und Hoffnung, Handlung und der Aufruf zur Tat sind einer individuellen, nur momentan gültigen, ja feuilletonistischen Bestandsaufnahme gewichen, die in ihrer Augenblicklichkeit nicht wie in der Kurzgeschichte im »Schicksalsbruch« die Welt und ihr Wesen durchsichtig werden, sondern nur ein Detail, vereinzelte atomisierte Splitter von Weltverständnis aufleuchten läßt. In der momentanen Beobachtung, der flüchtigen Stimmung und der Darstellung dieser »kostbaren Nichtigkeiten« scheint, wie es der Wiener Impressionist und Kaffeehausliterat Peter Altenberg einmal formulierte, gegenwärtig der »Extrakt des Lebens« zu liegen. War das Verständnisaxiom der Kurzgeschichte letztlich noch eine heile Welt, auf die der offene Schluß zwar kritisch und Normen sichtbar machend verwies, so ist in der Kürzestgeschichte die Zersplitterung des Weltverständnisses derart vorangetrieben, daß kaum noch ein allgemeiner Sinnhorizont hinter den in sich zurückgezogenen, nur privatverbindlichen Sinn- und Zielsetzungen des unter fataler Vereinzelung leidenden Ichs sichtbar wird.

Bei Heimito von Doderer kompensiert sich diese Fatalität der Vereinzelung zu einem fatologischen Zusammenhang aller Dinge und allen Lebens[5], so daß seine Kürzestgeschichten, in denen er den Kausalnexus bewußt zerstörte, sich zu einem radikalen, ja ironischen Gegensatz zum Roman als der Darstellungsform letztlich noch sinnhafter Weltzustände zuspitzten.[6] 1954 wollte von Doderer diesen Gegensatz als Hinweis auf die Unmöglichkeit des Romans als Ausdruck sinnvoll geordneter Welt. In der Gegenwart ist die Kürzestgeschichte als Bauelement eine Art Vorstufe für neue Wege der damals in Frage gestellten Romanform geworden, denn

5. Vgl. Heimito von Doderer, a. a. O., S. 493.
6. ebd.

heute zeichnet sich die »Neigung zu einer Zusammenführung und Zusammenfassung der früheren Versuche in größeren, komplexeren Formen«[7] ab. Der Übergang von Kleintexten zu Großtexten, der Versuch, die Miniaturen der Kürzestgeschichten miteinander zu kombinieren, wie es auch schon von Doderer erprobte, kennzeichnet die heutigen Romanexperimente der ehemaligen Kurz- und Kürzestgeschichtenautoren. Peter Bichsel zum Beispiel äußerte, sein Roman *Die Jahreszeiten* sei »nichts anderes als eine Sammlung vieler Kurzprosa-Stücke, meist sogar sehr schön getrennt, nach zwei Seiten, nach einer halben Seite«[8]. Bei Thomas Bernhard hatte sich die Tendenz zur Kurzprosa bis in das Bemühen hineingesteigert, alles »mit einem einzigen Satz« sagen zu wollen, obwohl, wie Bernhard bekennen muß, »niemand vermag alles in einem einzigen Satz zu sagen«[9]. Wolf Wondratschek schließlich resigniert: »Es gibt Sätze, die sich nicht mit einem Satz sagen lassen.«
Die Kürzestgeschichte kann also einerseits als Ausdruck einer noch über die Kurzgeschichte hinausgehenden, radikaleren Atomisierung des Weltverständnisses gelten, ist andererseits zugleich als – vielleicht nostalgischer – Versuch anzusehen, über die Erprobung von sprachlichen Miniaturen zu neuen, komplexeren Formen, zu einem größeren, wieder sinnhaften Ganzen, wie es der Roman gewesen ist, vorzudringen. Sie ist dabei beeinflußt von den kleinen epischen Formen. Der Leser der vorliegenden Anthologie steht vor einem Kaleidoskop mehr oder weniger skizzierter Zuständlichkeiten, sketchartiger Impressionen ohne feste örtliche oder zeitliche Bestimmung und auch häufig ohne eine abschließende Pointe, wie etwa bei der Anekdote. Nur die Verknappung springt zunächst ins Auge. Sie führt zur

7. Walter Weiss, Josef Donnenberg, Adolf Haslinger u. Karlheinz Rossbacher: Gegenwartsliteratur. Stuttgart. Berlin, Köln u. Mainz 1973. (Urban Taschenbücher 162.) S. 132.
8. Werner Bucher u. Georges Ammann: Schweizer Schriftsteller im Gespräch. Bd. 1. Basel 1970. S. 37.
9. Thomas Bernhard: Prosa. Frankfurt a. M. ^{4}1973. (es 213.) S. 27.

Dramatisierung im Dialog oder fast lyrischen Andeutung, die Abwendung vom offenen Schluß der Kurzgeschichte zur Abrundung, die selten überrascht und nicht über sich hinausweist, und die Großaufnahme des unscheinbaren Details läßt durch die Verzerrung der Proportionen das Reale magisch leuchten und öffnet dem Grotesken Raum.

Daß Witz, Anekdote, Kalendergeschichte, Kurzgeschichte, Fabel, Parabel, Sketch und Erzählgedicht Paten der Kürzestgeschichte sind, schlägt sich nieder in der vorliegenden Auswahl von Texten nach 1945. Fast jeder von ihnen enthält in immer neuen Mischungen Kennzeichen der genannten und auch noch ungenannter Gattungen. Da diese Mischungen kaum zu trennen, da Witziges, Anekdotisches, Kalender- und Kurzgeschichtliches oder Parabelhaftes miteinander unlösbare Verbindungen eingegangen sind, da Thematisches häufig ungeschieden von gattungsstrukturellen Abgrenzungen auftritt, konnte das Ordnungsprinzip der einfachen alphabetischen Reihenfolge der Autoren den Vorzug für sich beanspruchen. In Unterrichtsreihen am Schluß der Sammlung werden dann die gattungspoetischen Probleme und die Möglichkeiten von Zuweisungen unter vertraute Etikettierungen aufgenommen, so daß der Leser Abhängigkeiten und Unterscheidungen selber nachgehen kann.

Maßgeblich bei der Textauswahl war die Rücksicht auf die Adressaten der Sekundarstufe, der Verständnishorizont der Jugendlichen. Über das Vertraute werden sie dann jedoch auch in ungewohntere Regionen des Geistes geführt, zu Texten, in denen das realistische Prinzip der Darstellung allmählich aufgegeben wird und Groteskes und Phantastisch-Surreales immer stärker hervortreten. In dieser Kurzprosa wird vor allem reflektiert und meditiert und auf Erzählkolorit verzichtet. Das korrespondiert mit den Phantasien der Innenwelt, in deren Dokumentation die Autoren der Gegenwart weithin ihre einzige Autonomie erblicken. Solche Texte lassen sich mit Erfolg allerdings eher in der Sekundarstufe II behandeln. Ihre Nummern sind im Arbeitsteil (III) kursiv gesetzt.

II. Texte

1. Jürgen Becker: Früher war das alles ganz anders

Früher war das alles ganz anders. Die Städte alle waren viel größer und die Dörfer waren noch Dörfer. Früher gab es noch Gerechtigkeit, und wer nicht hören wollte, mußte eben fühlen. Da waren unsere Lehrer noch die Lehrer unserer Eltern. Sonntags zogen wir noch Sonntagsanzüge an. Die Kirche stand noch im Dorf. Die Wacht stand noch am Rhein. Früher wußten wir, daß Gott mit uns ist. Früher kam auch noch Hans Muff. Wen wir fingen, der kam an den Marterpfahl. Die Sommer waren richtige Sommer. Die Ferien sahen immer endlos aus. Die Milch war noch gesund. Früher wußten wir, woran wir uns zu halten hatten. Da wurde noch gewandert. Wer im Wirtshaus saß, der saß auch bald im Klingelpütz. Früher ging man noch zu Fuß. Da schützte man seine Anlagen. Da gab's sowas nicht. Da gab es noch Feinde, bei denen man das Weiße im Auge erblicken konnte. Wohin man auch ging, man traf immer auf Gleichgesinnte. Wer es nicht besser wußte, der hielt auch den Mund, und wem es absolut nicht passen wollte, der konnte ja bleiben, wo der Pfeffer wächst. Früher gab es noch Mohren, Indianer und Chinesen. Früher ging das alles viel einfacher. Da wäre doch sowas nie passiert. Da gab es das doch alles nicht. Früher hörte man noch zu, wenn man von früher erzählte.

2. Thomas Bernhard: Der junge Mann

Der junge Mann versucht, einem alten Mann zu beweisen, daß er, *der junge Mann*, allein ist. Er sagt ihm, er sei in die Stadt gekommen, um Menschen kennenzulernen, aber es sei ihm bis jetzt noch nicht gelungen, auch nur einen Menschen zu finden. Er habe verschiedene Mittel angewendet, um das Vertrauen der Menschen zu gewinnen. Aber er habe sie abgestoßen. Sie ließen ihn zwar ausreden und hörten ihm auch zu, aber sie wollten ihn nicht *verstehen*. Er habe ihnen Geschenke mitgebracht; denn mit Geschenken könne man Menschen zur Freundschaft und zur Anhänglichkeit verführen. Aber sie nähmen die Geschenke nicht an und setzten ihn vor die Tür. Er habe tagelang darüber nachgedacht, warum sie ihn nicht haben wollten. Aber er sei nicht darauf gekommen. Er habe sich sogar *verwandelt*, um Menschen zu gewinnen; er sei bald der und bald jener gewesen, und es sei ihm gelungen, sich zu verstellen, aber auch auf diese Weise habe er nicht einen Menschen gewonnen. Er redet auf den alten Mann, der neben seiner Haustüre sitzt, mit einer solchen Gewalttätigkeit ein, daß er sich plötzlich schämt. Er tritt einen Schritt zurück und stellt fest, daß in dem alten Mann nichts vorgeht. In dem alten Mann ist nichts, das er wahrnehmen könnte. Jetzt läuft der junge Mann in sein Zimmer und deckt sich zu.

3. Thomas Bernhard: Der Diktator

Der Diktator hat sich aus über hundert Bewerbern einen Schuhputzer ausgesucht. Er trägt ihm auf, nichts zu tun als seine Schuhe zu putzen. Das bekommt dem einfachen Manne vom Land, und er nimmt rasch an Gewicht zu und gleicht seinem Vorgesetzten – und nur dem Diktator ist er unterstellt – mit den Jahren um ein Haar. Vielleicht ist das auch zu einem Teil darauf zurückzuführen, daß der Schuhputzer dieselbe Kost ißt wie der Diktator. Er hat bald dieselbe dicke Nase und, nachdem er seine Haare verloren hat, auch denselben Schädel. Ein wulstiger Mund tritt heraus, und wenn er grinst, zeigt er die Zähne. Alle, selbst die Minister und die nächsten Vertrauten des Diktators fürchten sich vor dem Schuhputzer. Am Abend kreuzt er die Stiefel und spielt auf einem Instrument. Er schreibt lange Briefe an seine Familie, die seinen Ruhm im ganzen Lande verbreitet: »Wenn man der Schuhputzer des Diktators ist«, sagen sie, »ist man dem Diktator am nächsten.« Tatsächlich ist der Schuhputzer auch dem Diktator am nächsten; denn er hat immer vor seiner Türe zu sitzen und sogar dort zu schlafen. Auf keinen Fall darf er sich von seinem Platz entfernen. Eines Nachts jedoch, als er sich stark genug fühlt, betritt er unvermittelt das Zimmer, weckt den Diktator und schlägt ihn mit der Faust nieder, so daß er tot liegen bleibt. Rasch entledigt sich der Schuhputzer seiner Kleider, zieht sie dem toten Diktator an und wirft sich selbst in das Gewand des Diktators. Vor dem Spiegel des Diktators stellt er fest, daß er tatsächlich aussieht wie der Diktator. Kurz entschlossen stürzt er vor die Tür und schreit, sein Schuhputzer habe ihn überfallen. Aus Notwehr habe er ihn niedergeschlagen und getötet. Man solle ihn fortschaffen und seine hinterbliebene Familie benachrichtigen.

4. Peter Bichsel: Die Beamten

Um zwölf Uhr kommen sie aus dem Portal, jeder dem nächsten die Tür haltend, alle in Mantel und Hut und immer zur gleichen Zeit, immer um zwölf Uhr. Sie wünschen sich, gut zu speisen, sie grüßen sich, sie tragen alle Hüte.
Und jetzt gehen sie schnell, denn die Straße scheint ihnen verdächtig. Sie bewegen sich heimwärts und fürchten, das Pult nicht geschlossen zu haben. Sie denken an den nächsten Zahltag, an die Lotterie, an das Sporttoto, an den Mantel für die Frau und dabei bewegen sie die Füße und hie und da denkt einer, daß es eigenartig sei, daß sich die Füße bewegen.
Beim Mittagessen fürchten sie sich vor dem Rückweg, denn er scheint ihnen verdächtig und sie lieben ihre Arbeit nicht, doch sie muß getan werden, weil Leute am Schalter stehn,

weil die Leute kommen müssen und weil die Leute fragen müssen. Dann ist ihnen nichts verdächtig, und ihr Wissen freut sie, und sie geben es sparsam weiter. Sie haben Stempel und Formulare in ihrem Pult, und sie haben Leute vor den Schaltern. Und es gibt Beamte, die haben Kinder gern und solche, die lieben Rettichsalat, und einige gehn nach der Arbeit fischen, und wenn sie rauchen, ziehen sie meist die parfümierten Tabake den herberen vor, und es gibt auch Beamte, die tragen keine Hüte.
Und um zwölf Uhr kommen sie alle aus dem Portal.

5. Peter Bichsel: Das Kartenspiel

Herr Kurt sagt nichts. Er sitzt da und schaut dem Spiel zu. Die vier legen ihre Karten auf den Tisch, die Asse und die Könige, die Achter und die Zehner, die roten zu den roten und die schwarzen zu den schwarzen.
Herr Kurt läßt sich sein Bier temperieren. Sein Glas steht in einem verchromten Gefäß mit heißem Wasser. Von Zeit zu Zeit hebt er es vorsichtig, läßt das Wasser abtropfen. Oft stellt er es zurück, ohne zu trinken; denn er schaut dem Spiel zu.
Herr Kurt hat seinen Platz, niemand weiß seit wann und weshalb. Aber um fünf Uhr ist er da, setzt sich oben an den Tisch, grüßt, wenn er gegrüßt wird, bestellt sein Bier und man bringt ihm das heiße Wasser dazu.
Um fünf Uhr sind auch die andern da, die vier, und spielen Karten, nicht immer dieselben vier, am Montag meist jüngere, am Dienstag Geschäftsleute, am Freitag vier ehemalige Schulkollegen, Jahrgang 1912, und an den übrigen Wochentagen irgendwelche vier. Oben am Tisch sitzt immer Herr Kurt. Er trinkt ein Bier und sitzt bis sieben Uhr da. Ist das Spiel spannend, bleibt er eine Viertelstunde länger, später geht er nie.
Im Restaurant sitzen auch andere, aber kein anderer kommt

jeden Tag. Selbst der Wirt ist nicht jeden Abend da und die Kellnerin hat am Mittwoch ihren freien Tag.
Herr Kurt macht niemanden neugierig. Trotzdem hat man ihn in den Jahren kennengelernt. In der Agenda des Wirts steht unter dem 14. Juli »Herr Kurt«. An diesem Tag, es ist sein Geburtstag, bekommt Herr Kurt sein Gratisbier. Der Wirt kann sich nicht erinnern, woher er Herrn Kurts Geburtstag kennt. Man würde Herrn Kurt nicht danach fragen.
Nach dem Spiel werfen die vier ihre Karten auf den Tisch, nehmen die Kreide und zählen zusammen, die Verlierer bezahlen die Zeche. Dann ereifern sie sich über Spielregeln und Taktik, machen sich gegenseitig Vorwürfe und rechnen sich aus, was geschehen wäre, wenn man den König später und den Zehner früher ausgespielt hätte. Herr Kurt nickt ab und zu oder schüttelt den Kopf. Er sagt nichts.
Wenn Herr Kurt die Regeln des Kartenspiels nicht kennen würde, sähe er sein Leben lang nur rote und schwarze Karten. Aber er kennt die Karten, und er kennt das Spiel. Es ist wahrscheinlich, daß er es kennt.
Bei Herrn Kurts Beerdigung wird man alles über ihn erfahren, die Todesursache, sein Alter, seinen Geburtsort, seinen Beruf. Man wird vielleicht überrascht sein. Und später wird, weil es unvermeidlich ist, ein Spieler sagen, daß er Herrn Kurt vermisse. Aber das ist nicht wahr, das Spiel hat ganz bestimmte Regeln.

6. Horst Bingel: Allez, Pinelli

Pinelli fuhr Tag für Tag mit seinem Fahrrad durch die Stadt. Früh am Morgen, wenn die Arbeiter unterwegs waren, saß auch Pinelli auf seinem Rad. Er kannte die meisten Straßen: nicht mit Namen, doch es gab wenige Straßen, die er übersah.
Am liebsten fuhr er durch die Vorortstraßen. Er fuhr eigent-

lich nur, um wieder in diese verkehrsarmen Straßen zurückzufinden. Morgens, wenn die Kinder in die Schule gingen, beugte er sich weit vor, schaute nicht mehr auf, fuhr noch ein wenig schneller, dann war er auch schon vorbei. Die Kinder hatten ihn gesehen. Sie warteten bereits auf ihn und erzählten ihren Freunden: »Paßt auf, heute Mittag kommt er: Pinelli.«

»Pinelli, Pinelli ...«, riefen sie, »Pinelli, fall nicht vom Rad. Gleich fällt er, schaut nur, wie er fährt.« Pinelli machte zweimal einen Handstand. Er fuhr etwas langsamer, das Rad schleuderte. Er versuchte noch einmal, einen Handstand zu machen: »Pinelli, Pinelli«, riefen sie ihm nach, »fall nicht vom Rad.«

Seit Tagen war Pinelli krank. Die Wirtin brachte ihm Tee und Tabletten. »Sie müssen gesund werden, Herr Pinelli. Ja, ich weiß, Sie mit Ihrem Radfahren. Sie werden nie wieder radfahren. Das Rad – das kommt mir überhaupt aus dem Zimmer.«

Nach zwei Wochen ging es Pinelli besser. Die Wirtin schimpfte, weil er bereits aufstand. Er schloß sich in seinem Zimmer ein und putzte sein Rad. Er schminkte sein Gesicht wie früher, er sah noch recht krank aus, die Kinder sollten es nicht merken. Er würde gesund werden und wieder radfahren wie einst.

Gegen Mittag, wie hatte Pinelli darauf gewartet: die Kinder kamen aus der Schule ... Einige riefen, als er durch die Straße fuhr: »Ach, da ist Pinelli, er kommt hier manchmal vorbei, er macht einen Handstand. Er macht immer nur einen Handstand.«

7. Horst Bingel: Die Mäusearmee

Mit Schiffen kamen sie, zogen über die Straßen. Verhielten im Schritt, zögerten noch. Geplündert, zurückgelassen, Dörfer, links und rechts, nagten Baum um Baum, bauten

Wege, schritten an hundert Stellen zugleich voran. Stromaufwärts Schiffe, die ersten Melder kehrten zurück.
Lagerten weniger fortan. Liefen bei Tag, bei Nacht, rasteten selten, nur eine Stunde. Eilten, ruhelos, eine Armee, fällten Bäume. Am Fluß Urura jedoch, nächtlich das Lager der Zelte, Pflock an Pflock gestellt, Gasse an Gasse, im Viereck geordnet der Platz, Viereck in Viereck geschachtelt. Posten davor, vor jedem Feuer nachts, sandten dennoch Späher nach West, nach Ost. Trupp für Trupp werkten, schleppten Hölzer zu Tal. Fällten den Wald auch hier, rollten Stamm auf Stamm zum Ufer. Rammten, stießen Pfähle ein, kamen zur Mitte des Flusses, ertranken dabei, einige. Stießen erneut zu, Pfahl an Pfahl über Kreuz gestellt, legten Stämme darauf, hatten nicht Zeit mehr, Brücken zu bauen.
Gegen Abend die Stadt. Schwarz, Wolken, dort; sie warteten. Um Mitternacht dann, ihr Netz aus Stahl, zogen es hin und her, zogen das Netz über die Stadt, glitzernd, sich spiegelnd im Schein des Lichts. Schlugen Anker ein, hämmerten, Eisen und Stahl. An Seilen, von der Kuppel des Netzes, vom Rand, hier, dort, dort, Seil neben Seil, verdunkelten den Himmel. Windstill die Nacht, als die Mäuse sich herabließen. Krochen dann, aufgerückt, dicht, endlos die Kette, schweigend. Straßen, Rathaus, Kasernen, Flugplatz umstellt, zwei, drei Maschinen, die noch aufstiegen, im Wald der Seile verfangen, umschlungen, kopflastig, stürzten wie Käfer ab.
Drängen, Stoßen, Ketten, Flüche, immer und überall die Ketten der Mäuse, auf den Dächern, zu den Fenstern herein, oben, unten, oben, dichter die Seile, schwärzer der Himmel, Mäuse neben Mäuse, bissen sich, traten, suchten Platz, stürmten die letzten Türen, weiter, werkten, wühlten, weiter noch, eine Woche lang. Verließen schweigend die tote Stadt, zogen das Netz ein, lagerten.
Abermals Kolonnen zum nahen Fluß, den Wäldern. Schleppten Holz, schnitten Schilf, schichteten Stapel auf Stapel, bauten wieder, heftiger, schneller, runde und ovale Wagen: geflochtene Körbe, Dächer darüber von Weiden,

zogen die kleinen Wagen, Maus neben Maus wieder, scheinbar endlos der Zug, Wagen, Mäuse, Seile, Wagen, karrten die Bomben und Gewehre aus der Stadt fort.
Lagerten jeden Abend, trafen am vierten Tag auf eine zweite Mäusearmee. Schlugen die Zelte auf. Standen am Mittag sich gegenüber: zwei Armeen, Maus neben Maus. Nahmen die Generale gefangen.

8. Johannes Bobrowski: Brief aus Amerika

Brenn mich, brenn mich, brenn mich, singt die alte Frau und dreht sich dabei, hübsch langsam und bedächtig, und jetzt schleudert sie die Holzpantinen von den Füßen, da fliegen sie im Bogen bis an den Zaun, und sie dreht sich nun noch schneller unter dem Apfelbäumchen. Brenn mich, liebe Sonne, singt sie dazu. Sie hat die Ärmel ihrer Bluse hinaufgeschoben und schwenkt die bloßen Arme, und von den Ästen des Bäumchens fallen kleine, dünne Schatten herab, es ist heller Mittag, und die alte Frau dreht sich mit kleinen Schritten. Brenn mich, brenn mich, brenn mich.
Im Haus auf dem Tisch liegt ein Brief. Aus Amerika. Da steht zu lesen:
Meine liebe Mutter. Teile Dir mit, daß wir nicht zu Dir reisen werden. Es sind nur ein paar Tage, sag ich zu meiner Frau, dann sind wir dort, und es sind ein paar Tage, sage ich, Alice, dann sind wir wieder zurück. Und es heißt: ehre Vater und Mutter, und wenn der Vater auch gestorben ist, das Grab ist da, und die Mutter ist alt, sage ich, und wenn wir jetzt nicht fahren, fahren wir niemals. Und meine Frau sagt: hör mir zu, John, sie sagt John zu mir, dort ist es schön, das hast du mir erzählt, aber das war früher. Der Mensch ist jung oder alt, sagt sie, und der junge Mensch weiß nicht, wie es sein wird, wenn er alt ist, und der alte Mensch weiß nicht, wie es in der Jugend war. Du bist hier etwas geworden, und du bist nicht mehr dort. Das sagt

meine Frau. Sie hat recht. Du weißt, ihr Vater hat uns das Geschäft überschrieben, es geht gut. Du kannst deine Mutter herkommen lassen, sagt sie. Aber Du hast ja geschrieben, Mutter, daß Du nicht kommen kannst, weil einer schon dort bleiben muß, weil alle von uns weg sind.
Der Brief ist noch länger. Er kommt aus Amerika. Und wo er zu Ende ist, steht: Dein Sohn Jons.
Es ist heller Mittag, und es ist schön. Das Haus ist weiß. An der Seite steht ein Stall. Auch der Stall ist weiß. Und hier ist der Garten. Ein Stückchen den Berg hinunter steht schon das nächste Gehöft, und dann kommt das Dorf, am Fluß entlang, und die Chaussee biegt heran und geht vorbei und noch einmal auf den Fluß zu und wieder zurück und in den Wald. Es ist schön. Und es ist heller Mittag. Unter dem Apfelbäumchen dreht sich die alte Frau. Sie schwenkt die bloßen Arme. Liebe Sonne, brenn mich, brenn mich.
In der Stube ist es kühl. Von der Decke baumelt ein Beifußbusch und summt von Fliegen. Die alte Frau nimmt den Brief vom Tisch, faltet ihn zusammen und trägt ihn in die Küche auf den Herd. Sie geht wieder zurück in die Stube. Zwischen den beiden Fenstern hängt der Spiegel, da steckt in der unteren Ecke links, zwischen Rahmen und Glas, ein Bild. Eine Photographie aus Amerika. Die alte Frau nimmt das Bild heraus, sie setzt sich an den Tisch und schreibt auf die Rückseite: Das ist mein Sohn Jons. Und das ist meine Tochter Alice. Und darunter schreibt sie: Erdmuthe Gauptate geborene Attalle. Sie zupft sich die Blusenärmel herunter und streicht sie glatt. Ein schöner weißer Stoff mit kleinen blauen Punkten. Aus Amerika. Sie steht auf, und während sie zum Herd geht, schwenkt sie das Bild ein bißchen durch die Luft. Als der Annus von Tauroggen gekommen ist, damals, und hiergeblieben ist, damals: es ist wegen der Arme, hat er gesagt, solche weißen Arme gab es nicht, da oben, wo er herkam, und hier nicht, wo er dann blieb. Und dreißig Jahre hat er davon geredet. Der Annus.
Der Mensch ist jung oder alt. Was braucht der alte Mensch denn schon? Das Tageslicht wird dunkler, die Schatten

werden heller, die Nacht ist nicht mehr zum Schlafen, die Wege verkürzen sich. Nur noch zwei, drei Wege, zuletzt einer.
Sie legt das Bild auf den Herd, neben den zusammengefalteten Brief. Dann holt sie die Streichhölzer aus dem Schaff und legt sie dazu. Werden wir die Milch aufkochen, sagt sie und geht hinaus, Holz holen.

9. Johannes Bobrowski: Interieur

Es ist eine hohe bernsteingelbe Standuhr, Manufakturware aus Liverpool oder Birmingham, an die sich Freimut gelehnt hat. Er sagt einen Satz, der geht langsam, das letzte Wort, die zwei Silben, folgt erst nach einer Pause und ist angehoben im Ton und läßt den Satz ganz offen, wie in einem atemerfüllten Raum, der sich ein wenig dreht: Denn Armut ist ein großer Glanz aus Innen ...
... heraus, ergänzt die Zahnärztin, seine Mutter. Wer bereitet nicht gern einer so völlig offenen Aussage ein Ende? Die Messingzeiger im schrägen Licht legen fast unmerkliche, dünne Schatten auf das Zifferblatt aus Zinn, bis über die schwarzgemalten römischen Zahlen.
Ja, wir sind alle arm, sagt die Mutter, mit einem schönen, tragenden Alt.
Im Kanapee, ihre Mutter, die Großmutter, erschrickt darüber nicht, sie sagt: Aber wir glänzen nicht, und hebt ein wenig die Hände dabei und versinkt in den Anblick der drei Ringe an ihrer linken Hand.
Zwei stehende Personen und eine sitzende. Und die Uhr aus Liverpool.
Oder aus Birmingham.

10. Heimito von Doderer: Die Einschüchterung

Es war die Tat einer Teekanne, in mir unwiderruflich die Erkenntnis zu befestigen, daß allein der Entschluß und Mut zur Devastierung[1] der eigenen Wohnräume die Tücke der Objekte für längere Zeit zurückzuscheuchen und zu bannen vermögen. Jene Teekanne, die ich schon sieben Jahre besaß, biß mich eines Morgens überraschend in den linken, nur mit einem leichten Hausschuh bekleideten Fuß, eben als ich sie gefüllt aus der Küche gebracht hatte. Der Biß gelang ihr durch Vorstrecken des Schnabels und Fallenlassen mehrerer heißer Tropfen. Glücklicherweise behielt ich den Überblick, trotz des empfindlichen Schmerzes. Ich stellte die Kanne sorgfältig ab und neuerlich Wasser im Kessel auf die Gasflamme in der Küche; dazu bereitete ich die Teebüchse und eine andere Porzellankanne vor. Jene, die gebissen hatte, entleerte ich durch Fortschütten des frischen Tees, den sie enthielt, und ließ die Beißerin auskühlen. Endlich Posto fassend gegenüber einem Bilde unter Glas und Rahmen, welches mir verdächtig geworden war durch einen blinkenden Blick auf mein Unglück, der sehr leicht auch ein solcher des Einverständnisses mit der beißenden Teekanne gewesen sein konnte, ergriff ich nunmehr diese selbst, ging auf Distanz von etwa vier Meter vom Bilde und warf die Kanne wie einen Diskus mit kräftiger Wendung aus den Hüften. Die Leichen ließ ich vier Stunden an Ort und Stelle liegen. Nach dem Wurf hatte ich nur ein einziges Mal kurz und drohend gebrüllt. Es steht jedoch außer Zweifel, daß der exekutive Vorgang von zahllosen gestielten Äuglein im Zimmer ad notam[2] genommen worden ist. Denn in diesem Raume blieb ich durch fast ein volles Jahr von allen Kniffen und Pfiffen, Bissen, Nücken und Tücken der insitzenden Objekte verschont. Erst nach Ablauf der angegebenen Zeit wagte es einmal mein Rasierapparat, mich am rechten Ohre

1. Verwüstung.
2. zur Kenntnis.

zu zupfen. Doch ist das eine Angelegenheit besonderer Art gewesen und ohne Zusammenhang mit der eben erzählten.

11. Heimito von Doderer: Ehrfurcht vor dem Alter

Durch eine alte Dame mit kleinem Hund, welche infolge ihrer Umständlichkeit die Abfertigung am Postschalter verzögerte, zur äußersten Wut gebracht, schlug er – da ihm denn die Ehrfurcht vor dem Alter hier jede direkte Ausschreitung verwehrte – mit einer schweren, zum Teil eisenbeschlagenen Keule, welche der Angeklagte damals für solche Zwecke stets bei sich zu führen pflegte, die Front des gegenüberliegenden Hauses ein, wodurch drei Wohnungen beschädigt und sechs Personen zwar nicht erheblich, immerhin aber derart verletzt wurden, daß sie ärztliche Hilfe in Anspruch nehmen mußten.

12. Günter Eich: Peter Posthorn

Wenn man an eine Ausnahme denkt, fällt einem die andere ein. Die Seepferde sind ein Entwurf, Peter Posthorn ist ein Entwurf. Peter Posthorn muß wie Quecksilberkugeln gewesen sein. Das Quecksilber kennt man noch, Peter Posthorns Andenken ist verschollen. Es gab ihn nicht, aber was müssen das für Zeiten gewesen sein, als es ihn nicht gab. Ein Kollege, lebte zwischen den Zeilen.
Wenn im Kindergarten eine Pause ist, ruft eins: Peter Posthorn soll kommen. Ja, rufen alle, ruf Peter Posthorn. Er ist es, der Spiele erfinden könnte, Splitter aus der Hand ziehen, Geometriearbeiten schreiben. Aber immer tun es andere, das ist sein Beruf. Er weiß alles, er kann alles so wie es sein müßte. Die andern, die es tun, müssen sich plagen. Er ist der Meister Irrealis, hat's gut, ist mit Recht vergessen.

Meine Kinder kennen ihn nicht mehr. Aber neulich, als mein kleiner Sohn erschöpft aufs Bett gesunken war und ich ihm die Schuhe ausziehen wollte, murmelte er im Einschlafen: Peter Posthorn soll's machen. Da war er noch einmal, eine späte Visite, Peter Posthorn, die Quecksilberkugeln, der Entwurf. Oder ist er dabei, neu erfunden zu werden? Das Schlafgelächter meines Sohnes spricht dafür. Aber die Ausnahmen bestätigen die Ausnahmen, das ist das Sicherste, was man von ihnen sagen kann.

13. Gisela Elsner: Der Dumme

Sie standen beieinander, und sie wußten alle das gleiche, und sie glaubten, daß es viel sei, was sie wußten. Einen gab es unter ihnen, der wußte nicht das gleiche wie sie, und sie nannten ihn dumm. Es war Triboll. Der wurde bescheiden, als er hörte, daß er dumm sei, und verkroch sich, damit ihn niemand mehr sah. Aber die anderen hatten kein Mitleid mit ihm und krochen ihm nach und sahen ihn an und redeten über das, was er nicht verstehen konnte. Sie sahen, wie sehr Triboll litt, und waren befriedigt, daß sie es waren, die ihn leiden machten.
Da änderte sich die Welt, und plötzlich war Triboll klug, und die anderen waren dumm, weitaus dümmer als er, und Triboll wollte sich rächen für das, was ihm die anderen vorher angetan hatten. Er redete so zu ihnen, daß sie ihn nicht verstanden, weil sie nicht wußten, was er wußte. Aber sie bewunderten ihn, und niemand schämte sich dafür, daß er nicht wußte, was Triboll wußte, und Triboll hatte Mitleid mit ihnen und konnte sie nicht quälen. Er wußte, daß er immer anders gewesen und allein war, und er erwartete mit Angst die Zeit, die, das wußte er genau, einmal wiederkehren würde, die Zeit, in der sich die Welt wieder änderte, und in der ihn die anderen wieder quälen würden.

14. Max Frisch: Szene in Berlin, Sommer 1945

Jemand berichtet aus Berlin: Ein Dutzend verwahrloste Gefangene, geführt von einem russischen Soldaten, gehen durch eine Straße; vermutlich kommen sie aus einem fernen Lager, und der junge Russe muß sie irgendwohin zur Arbeit führen oder, wie man sagt, zum Einsatz. Irgendwohin; sie wissen nichts über ihre Zukunft; es sind Gespenster, wie man sie allenthalben sehen kann. Plötzlich geschieht es, daß eine Frau, die zufällig aus einer Ruine kommt, aufschreit und über die Straße heranläuft, einen der Gefangenen umarmt – das Trüpplein muß stehenbleiben, und auch der Soldat begreift natürlich, was sich ereignet hat; er tritt zu dem Gefangenen, der die Schluchzende im Arm hält, und fragt:
»Deine Frau?«
»Ja–.«
Dann fragt er die Frau:
»Dein Mann?«
»Ja–.«
Dann deutet er ihnen mit der Hand:
»Weg – laufen, laufen – weg!«
Sie können es nicht glauben, bleiben stehen; der Russe marschiert weiter mit den elf andern, bis er, einige hundert Meter später, einem Passanten winkt und ihn mit der Maschinenpistole zwingt, einzutreten: damit das Dutzend, das der Staat von ihm verlangt, wieder voll ist.

15. Walter Helmut Fritz: Augenblicke

Kaum stand sie vor dem Spiegel im Badezimmer, um sich herzurichten, als ihre Mutter aus dem Zimmer nebenan zu ihr hereinkam, unter dem Vorwand, sie wolle sich nur die Hände waschen.
Also doch! Wie immer, wie *fast* immer.

Elsas Mund krampfte sich zusammen. Ihre Finger spannten sich. Ihre Augen wurden schmal. Ruhig bleiben!
Sie hatte darauf gewartet, daß ihre Mutter auch dieses Mal hereinkommen würde, voller Behutsamkeit, mit jener scheinbaren Zurückhaltung, die durch ihre Aufdringlichkeit die Nerven freilegt. Sie hatte – behext, entsetzt, gepeinigt – darauf gewartet, weil sie sich davor fürchtete.
– Komm, ich mach dir Platz, sagte sie zu ihrer Mutter und lächelte ihr zu.
– Nein, bleib nur hier, ich bin gleich soweit, antwortete die Mutter und lächelte.
– Aber es ist doch so eng, sagte Elsa, und ging rasch hinaus, über den Flur, in ihr Zimmer. Sie behielt einige Augenblicke länger als nötig die Klinke in der Hand, wie um die Tür mit Gewalt zuzuhalten. Sie ging auf und ab, von der Tür zum Fenster, vom Fenster zur Tür. Vorsichtig öffnete ihre Mutter. Ich bin schon fertig, sagte sie.
Elsa tat, als ob ihr inzwischen etwas anderes eingefallen wäre, und machte sich an ihrem Tisch zu schaffen.
– Du kannst weitermachen, sagte die Mutter.
– Ja, gleich.
Die Mutter nahm die Verzweiflung ihrer Tochter nicht einmal als Ungeduld wahr.
Wenig später allerdings verließ Elsa das Haus, ohne ihrer Mutter adieu zu sagen. Mit der Tram fuhr sie in die Stadt, in die Gegend der Post. Dort sollte es eine Wohnungsvermittlung geben, hatte sie einmal gehört. Sie hätte zu Hause im Telefonbuch eine Adresse nachsehen können. Sie hatte nicht daran gedacht, als sie die Treppen hinuntergeeilt war.
In einem Geschäft für Haushaltungsgegenstände fragte sie, ob es in der Nähe nicht eine Wohnungsvermittlung gebe. Man bedauerte. Sie fragte in der Apotheke, bekam eine ungenaue Auskunft. Vielleicht im nächsten Haus. Dort läutete sie. Schilder einer Abendzeitung, einer Reisegesellschaft, einer Kohlenfirma. Sie läutete umsonst.
Es war später Nachmittag, Samstag, zweiundzwanzigster Dezember.

Sie sah in eine Bar hinein. Sie sah den Menschen nach, die vorbeigingen. Sie trieb mit. Sie betrachtete Kinoreklamen. Sie ging Stunden umher. Sie würde erst spät zurückkehren. Ihre Mutter würde zu Bett gegangen sein. Sie würde ihr nicht mehr gute Nacht zu sagen brauchen.
Sie würde sich, gleich nach Weihnachten, eine Wohnung nehmen. Sie war zwanzig Jahre alt und verdiente. Kein einziges Mal würde sie sich mehr beherrschen können, wenn ihre Mutter zu ihr ins Bad kommen würde, wenn sie sich schminkte. Kein einziges Mal.
Ihre Mutter lebte seit dem Tod ihres Mannes allein. Oft empfand sie Langeweile. Sie wollte mit ihrer Tochter sprechen. Weil sich die Gelegenheit selten ergab (Elsa schützte Arbeit vor), suchte sie sie auf dem Flur zu erreichen oder wenn sie im Bad zu tun hatte. Sie liebte Elsa. Sie verwöhnte sie. Aber sie, Elsa, würde kein einziges Mal mehr ruhig bleiben können, wenn sie wieder zu ihr ins Bad käme.
Elsa floh.
Über der Straße künstliche, blau, rot, gelb erleuchtete Sterne. Sie spürte Zuneigung zu den vielen Leuten, zwischen denen sie ging.
Als sie kurz vor Mitternacht zurückkehrte, war es still in der Wohnung. Sie ging in ihr Zimmer, und es blieb still. Sie dachte daran, daß ihre Mutter alt und oft krank war. Sie kauerte sich in ihren Sessel, und sie hätte unartikuliert schreien mögen, in die Nacht mit ihrer entsetzlichen Gelassenheit.

16. Günter Bruno Fuchs: Geschichte aus der Großstadt

für Günter Eich

Nachts geht der Hund über die Straße. Spaziert. Beide Augen sehen.
Weißt du, sagt ein Fenster zum Hund, mal hast du die Geschichte *Wau* erzählt. In der Nacht eine gute Geschichte. Und du hast, das weiß ich, etwas für dich behalten.

17. Günter Bruno Fuchs: Vor Redaktionsschluß

»Schreiben Sie also«, sagte der eine Mensch zu dem anderen Menschen, »schreiben Sie: Der vierbeinige Mensch ist wie geschaffen für künftige Ausflüge zum Mond und anderswohin ins All und darüberhinaus. Der vierbeinige Mensch – auch andere Verdoppelungen werden willkommen sein! – entsteht zunächst durch Abschürfen seiner aufrechten Gangart, ferner durch sinnvollen Gebrauch seiner künftigen Vorderfüße. Das heißt, wohlverstanden, der vierbeinige Mensch entsteht nicht durch kindhaftes Herumkrauchen auf allen vieren, sondern in Vorbereitung seiner Aufgaben als künftiger Mensch hat er sich um ein zweites Paar Beine redlich zu bemühen, und zwar so sehr, bis der Fortschritt, – hier steht dieses Wort einmal an richtiger Stelle! – sich regelrecht einfindet, und nun, nun, nun erst recht, eingedenk künftiger Dimensionen, fordert der Fortschritt vom künftigen Menschen den unermüdlichen Fleiß. Mithin: Der fleißigste Mensch des neuen Jahrhunderts wird zugleich sein erster Vierbeiner sein! – Das genügt! Bitte sofort in die Setzerei mit dem Text, es eilt!«

18. Gerd Gaiser: Ein Wespennest

In den Jahren, in denen man späht, eines Tags auf meinem Schulweg fand ich das Wespennest. Ich ging unten am Bahndamm entlang, und von unten, im Falz einer Schiene, fiel es mir auf. Daß es ein Wespennest sei, sagte mir der erste Blick nicht. Aus der eisernen Kehle sproßte es, spröde, langgestielt, einer grauen Tulpe ähnlich. Ich schlich mich an, und im Schotter kniend betrachtete ich lange, vorsichtig das unbekannte Gebilde. Farbe und Beschaffenheit erinnerten an die wunderbaren grauen Seidenkleider der Tante Geheimrätin, auf denen Perlen ruhten. Es rührte sich nicht. Nichts aus dem Gegenstand oder in ihm rührte sich; als ich

ihn zu berühren wagte, raschelte er fein, und der Stiel bog sich. Wespennester kannte ich wohl, doch lagen sie in Erdlöchern, wo wir sie mit Schwefelschnitten auszuräuchern pflegten; auch an Dachsparren hatte ich sie schon klumpen sehen, unförmliche, nestartige Ballen. Dieses Gebilde aber war zart und von bestechender Form. Streng und klar, polygonal[3] schlossen sich in dem Kelch die Zellen eine an die andere. Daß der gebrechliche Stengel aus Eisen schoß – aus Eisen, das tot war – und daß es stündlich erzitterte in seiner Zerbrechlichkeit, wenn bloß eine Nagelbreite drüber die Wuchten der Züge wegdonnerten, ich hatte da öfters zugesehen, die Schienen bogen sich in den nachgiebigen Kies – das alles erfüllte mich mit Erregung. Ich beobachtete noch eine ganze Zeit, und da alles still blieb und nichts kam oder ging, so schloß ich daraus, dieses Nest sei verlassen. Ich wagte, es loszumachen. Auf seinem Stengel trug ich es behutsam, wie eine Blume, nach Hause.
In einer Kammer unseres Hauses hatte ich ein Regal mit Beschlag belegt, einst vermutlich bestimmt, Akten aufzunehmen. Seine zahlreichen Fächer eigneten sich für den Aufbau meiner Sammlung. Ich hatte damals schon die verschiedensten Dinge nacheinander gesammelt, ohne daß mein Mühen mich recht befriedigte: Denn mein Streben richtete sich auf das Dauernde, auf die Erhaltung dessen, was meinen Augen bewahrenswert erschien. Aber die Pflanzen, wenn ich sie preßte, entfärbten und entstellten sich; fing ich Tiere und hielt sie, so konnten sie sich nicht an die Behältnisse gewöhnen, die ich ihnen zuwies, sie zeigten Veränderungen, ihre Ausscheidungen verschmutzten das Glas, sie entsprangen oder gingen mir ein; das Töten und Spreizen von Schmetterlingen und Käfern ekelte mich. So hatte sich mein Verlangen endlich bei Formen beruhigt, die keinem Leben entsprungen oder doch seinen Abläufen nicht mehr unterworfen waren: Steine, Kristalle, Vogelfedern, Drusen[4], Schlangenhäute und Muscheln konnten es sein. Ich über-

3. vieleckig.
4. Höhlungen im Gestein mit Kristallen.

legte mir, wo mein neuer Fund seinen Platz haben sollte: Endlich schien er mir, seiner Eleganz und der Geometrie seiner Fügung wegen, zwischen einigen Kristallen am besten untergebracht; ich legte ihn zu diesen.

Liebhabereien wechseln rasch in Knabenjahren, und mehrere Wochen hatte ich jene Kammer nicht mehr betreten, als mich eine neue Lust eines Tages zu meinen Schätzen trieb. Da gewahrte ich, ehe ich noch einen Tatbestand unterschied, eine sonderbare Störung. Ich trat näher und erkannte, daß diese Störung von dem Wespennest ausging. Das Wespennest war nicht tot gewesen. Es rührte sich darin. Ich sah einzelne Zellen gesprengt und sah in anderen auskriechende Tiere hängen, dünn, fast durchsichtig, einige im Zustand äußerster Kraftlosigkeit schiebend, andere im Zellenhals verendet. Schon sah ich über das ganze Regal hin Jungwespen sich bewegen, sie krochen zitternd, sie fielen in tiefer gelegene Fächer hinab, auf den Fußboden. Selbst bis zum Fenster waren etliche vorgedrungen, tasteten mit kraftlosen Fühlern am Glas oder lagen verkrümmt auf dem Gesimse. Sie konnten nicht ausbrechen. Es gab keine Nahrung in der kahlen, verschlossenen Kammer. Wohin ich blickte, überall sah ich dieses Leben sich rühren, voll Qual, und sich wieder strecken und enden.

Ein Zittern ergriff mich, das ich nicht zu deuten vermochte. Ich hatte diese Wesen, ohne daß ich von ihnen wußte, an einen Ort gebracht, an dem sie nicht leben konnten, und das Leben zwang sie, auszukriechen und sich zu regen. Alle die sinnlose Bewegung sah ich, dieses Kämpfen und Tasten und Sichschleppen. Da hing es klebrig, verunreinigte meine säuberlichen Anordnungen, krampfte sich ohne Kraft an meine Kristalle und edlen Steinschnecken, die nicht aufbrachen und nichts von sich gaben. Ich sah es mit Angst und Zorn, weil ich nicht wußte, wie ich die Unreinigkeit wieder von meinen Fächern bringen sollte, ich empfand eine Schuld, weil ich das Verhängnis mitbereitet hatte, dann eine Art von Scham, denn ich lebte ja auch. Plötzlich fing ich an, in sinnloser Erbitterung loszuschlagen und die Tiere zu töten, wo ich eines sah. Als ich fertig war, setzte ich mich wie gelähmt draußen auf der Treppe nieder. Ich mochte nicht leben.

19. Herbert Heckmann: Das Henkersmahl

Freß ich mich arm: und sauff mich zu tod,
so hab ich gewiß gewalt über den Tod.
Johann Fischart

Auf die Frage, welches sein letzter Wunsch sei, antwortete er ohne Umschweife, er wolle sich noch einmal satt essen, ehe man ihn vom Leben in den Tod bringe. »Satt«, wiederholte er und deutete auf seinen mageren Leib, der krumm und mit Schwären überdeckt an der Kerkermauer lehnte. »Satt«, sagte er zum dritten Mal und hob die Hände mit den Ketten bis zur Mundhöhe. Die Wächter lachten übermütig und versprachen ihm ein fürstliches Mahl mit silbernen Löffeln und Gabeln, die er jedoch dann nicht mehr stehlen könne.

»Wir werden dir etwas auftischen, daß du weißt, was du in der Hose hast.«

Sie ergingen sich in saftigen Schilderungen opulenter Speisen, daß dem Delinquenten das Wasser im Munde zusammenlief. Sie priesen das Spanferkel, den Ochsen am Spieß, die fetten Hämmel, gebratene Tauben und Kapaune – und stießen sich an, wenn ihr Opfer die Augen lüstern verdrehte.

»Macht schon!«

Wieder mit sich allein, hatte der zum Tode Verurteilte plötzlich die Vorstellung, alles, ja rundherum alles, sei eßbar, er preßte den Mund an die Mauer und riß sich die Lippen blutig. Kraftlos sank er auf sein Lager zurück und träumte von offenen Mündern.

Als sie ihn dann zum Essen weckten, konnte er kaum den Löffel führen. Sein Kopf sank bis in Tellernähe, und der Dampf von sauren Kutteln stieg in seine Nase. Die Wächter hockten sich vor ihm hin und beobachteten, wie er erst langsam und zittrig, dann zuversichtlicher den Löffel handhabte, die Backen vollstopfte und versonnen kaute, mit jedem Bissen mehr Übersicht gewinnend. Bald war der Teller leer, der Humpen vakant[5], das Maul gewischt, aber der Hunger ungebrochen. Um mehr bat er und streckte seine Glieder, so daß die Ketten klirrten.

»Es sei dir gewährt«, sagten die Wächter und brachten neue Schüsseln herbei und jungfräuliche Flaschen. Sie lachten, als sie das tapfere Zupacken ihres Opfers sahen, wetteten untereinander, wieviel er noch verschlingen könne. »Es gilt.« Und es galt, er kaute, schluckte, rülpste und schnaufte.

»Tapfer!« schrien sie.

»Mehr!« sagte er und aß, was ihm vorgesetzt wurde, aß und aß.

»Er wird uns noch die Haare vom Kopfe fressen.« Aber sehr bald wurde ihre Freude kleinlauter. Längst schon waren die Ketten von seinen Händen und Füßen gesprungen, sein Leib dehnte sich, schon aß er mit der Wildheit eines Scheunendreschers und wuchs zur Decke hin. Der Schemel krachte unter ihm zusammen. In furchtbarer Nacktheit stand er da. Die Wächter flohen aus der Zelle, aber unverdrossen aß er weiter und zwang seine Bewacher, ihm immer mehr aufzutischen, sei es, was es wolle. Sie taten es ängstlich und blieben außer Reichweite seines Löffels, zitterten, wenn er vor Hunger schrie.

Die Decke barst über seinem Kopf, das Dach brach auseinander, es kümmerte ihn wenig, er aß. Seine Wächter verschlang er mit den Trümmern, er verschlang Straßen und Häuser, den Richter samt seiner Frau, spülte sie mit dem Fluß hinunter. Sein Adamsapfel hatte die Größe einer Kirchglocke. Der Schatten seines unförmigen Körpers wächst drohend über das Land. Ich habe gerade noch Zeit, dies niederzuschreiben. Ich höre das Donnern von Schritten, die Erde ächzt.

Der Hunger sei mir gnädig.

5. leer.

20. Helmut Heißenbüttel: Der Wassermaler

Er malte auf Wasser. Dies war seine Erfindung.

Er malte auf Wasser das heißt: er ließ nicht wie frühere Maler gefärbtes Wasser über Papier laufen. Er malte keine Bilder zum Aufhängen. Er malte überhaupt keine Bilder. Nicht das was man bis zu seiner Erfindung als Bild bezeichnete.

Er malte auf Wasser. Auf alle Arten von Wasser. Auf Regenpfützen auf Seeflächen auf die Wasserspiegel vollgelaufener Töpfe. Auf übergelaufenes Wasser rund um eine Blumenvase. Auf Meerwasser. Auf Badewasser. Er malte auf glattes Wasser. Er malte auf bewegtes Wasser. Auf klares Wasser und auf trübes Wasser voller Algen und Sinkstoffe. Schatten und Sonnenreflexe. Sogar auf gefärbtes Wasser wenn es zur Hand war. Niemals (was Außenstehende hätten vermuten können) auf eine andere Art von Flüssigkeit. Wasser mußte es sein.

Manchmal befriedigte ihn das was er zur Hand hatte nicht und er reiste lange bis er das richtige Wasser fand. Manchmal begnügte er sich mit dem nächsten besten. Es konnte sein daß eine fleckige überschwemmte Schreibtischplatte ihn bezauberte. Es konnte sein daß er gerade diesen einen Bergsee zwischen dunkel bewaldeten Hängen benötigte. Manchmal beschränkte er sich darauf vom Ufer im Kies knieend oder auf einem Landesteg liegend zu malen. Manchmal ruderte er stundenlang bis er die richtige Beleuchtung die richtige Abgeschiedenheit fand. Eine Zeitlang benutzte er ein Floß das in der Mitte rechteckig ausgeschnitten war. Er wendete beim Malen verschiedene Methoden an. Meist hatte er mehrere Arten von Stöcken. Daneben brauchte er Bretter Gummischeiben Bürsten Kämme Fliegenklatschen auch Pinsel. Gelegentlich Zirkel und Lineal. Gerade dies hatte eine Zeitlang einen gewissen Reiz für ihn. Man sah ihn in Brandungswellen oder auf Seeflächen die von Gewitterböen aufgeregt waren stundenlang sauber gezogene Geraden und weit ausgeschwungene Zirkelbögen anlegen. Er malte

mit Fingern und gespreizten Händen. Mit Füßen ja mit dem ganzen Körper.
Selten malte er mit Farbe. Er tropfte dann die Farbe in fließendes Wasser oder zog sie mit Pinseln und Stöcken hindurch. Er schüttete Farbe töpfeweise ins Wasser. Einmal benutzte er einen Füllfederhalter.
Seine Bilder. Wie gesagt es waren keine Bilder. Spiele aus Kurve Welle Reflex Schatten aus Spuren und Spuren von Spuren. Einmal als er die Wassermalerei (auch er wollte nicht stillstehn) durch Schattenplastik zu komplettieren versuchte erlebte er einen Rückfall. Nachdem er von einfachen Schatten zu kombinierten und farbigen Schatten übergegangen war ertappte er sich dabei wie er anfing die Schattenplastik in einem ihrer wechselnden Stadien zu photographieren. Dies war der Rückfall. Bewahren festhalten überliefern vorzeigen das war der Rückfall. Das war das Vergebliche.
Danach blieb er eine Weile untätig. Möglicherweise wollte er sich durch Enthaltung strafen. Vielleicht auch strebte etwas aus diesem Rückfall in ihm heraus zu einer noch reineren Imagination. Allerdings wäre dann dieser Fortschritt nicht sichtbar geworden. Sondern nach einer Pause voll scheinbarer oder wirklicher Apathie begann er wieder auf Wasser zu malen. Nur ein sehr genauer Beobachter (den es nicht gab) hätte vielleicht geringfügige Änderungen an ihm wahrgenommen. Ein leichtes Zögern mitten im Zug. Ein schnelleres Aufbrechen von Wasser zu Wasser. Ein Einhalten im kaum Begonnenen.

21. Helmut Heißenbüttel: Ein Zimmer in meiner Wohnung

Es gibt ein Zimmer in meiner Wohnung das ich kaum kannte. Ich hatte sogar schon einmal mit dem Entschluß gespielt seine Tür zumauern und mit einer Tapete überzie-

hen zu lassen. Jetzt da ich drin bin und auch nicht wieder herauskann versuche ich mich vergeblich daran zu erinnern an welcher Stelle in meiner Wohnung dies Zimmer sich befindet. Vergeblich habe ich nach einem Plan gesucht. Es gibt keinen. Oder er ist verlorengegangen. Und wenn ich mich zu erinnern meine daß dieses Zimmer ein Außenzimmer gewesen sei so widerspricht einer solchen Annahme doch alles was ich sehe und ich bin sogar versucht zu sagen es liege geradezu im Mittelpunkt meiner Wohnung (und vermauert wäre es so etwas wie ein Hohlraum geworden).
Allerdings hat das Zimmer Fenster. Fenster und auch wieder nicht möchte man sagen. Ausschnitte vielleicht genauer die an wechselnden Stellen der Wand erscheinen und wieder verschwinden. Fast wie Bilder. (Verregnete Nachmittagsstraße oder nachts eine Laternenreihe oder das Gesicht hinter einer Fensterscheibe und manche andere Dinge.)
Möglicherweise gibt es auch Türen. Habe ich sie vielleicht nur noch nicht gefunden? (Nicht einmal die durch die ich hereingekommen bin?) Während ich dasitze versuche ich mich zu erinnern wie ich hereingekommen bin. Im Grunde neige ich immer noch dazu es für einen Zufall zu halten. Das Schloß der Tür hatte sich gelockert. Die Tür war angelehnt. Ich stieß sie an. Ich zögerte. Dann ging ich hinein. Ich versuche jetzt immer zu begreifen was mich hatte zögern lassen. Es war keine Vorsicht keine Angst oder gar Ahnung. Das Zimmer übte ja Anziehungskraft auf mich aus. Eine Art Wiedersehen. Das Gefühl zurückzukehren. Auch Neugier. Dennoch hatte ich gezögert?
Ich erinnere mich daß ich Pläne machte als ich das Zimmer betrat. Von diesen Plänen ist nichts übriggeblieben. Ich weiß sogar nicht einmal mehr was für eine Art von Plänen es gewesen sein könnte. Statt dessen habe ich versucht das Zimmer zu erforschen. Ich habe es mitsamt Inventar sozusagen auswendig gelernt. Aber ich merkte daß das nicht das Richtige war. Seitdem sitze ich da und starre vor mich hin oder auf die Fensterbilder die an den Wänden erscheinen und wohl ohne daß ich die Bewegung der Zunge gefühlt

habe fing ich an zu sprechen und hörte zuerst nur den Ton den unaufhörlich murmelnden lamentierenden fremden Ton der unverständlich und böse (so schien mir) überredenden Stimme die meine eigene war. Meine mir eigene fremde Stimme.

Seit ich diese Stimme höre weiß ich daß ich wie einer bin der dasselbe eingehandelt hat was er verkauft hat und der nun mit nichts als dieser Ware herauszufinden versucht was es damit auf sich hat. Der nicht weiß ob er behalten will was er nicht weggeben kann. Der immer noch glaubt Morgen wird widerlegen was Heute bewiesen hat. Der an keinen Beweis glaubt es sei denn im Ärger. Der vielleicht schon zu verüblen beginnt was zu finden doch alles war. Vor ein paar Stunden habe ich entdeckt daß es im Zimmer einen Spiegel gibt. Offenbar habe ich ihn entdeckt weil ich wieder einmal nach Türen suchte. Ich war erschöpft. Ich blickte auf. Ich sah ein Gesicht. Ein müdes ein müde und angespannt beobachtendes Gesicht. Müde und angespannt beobachtende Augen. Einmal waren diese Augen zuversichtlich gewesen einmal waren diese Augen böse gewesen. All das war vorbeigegangen und hatte nichts geändert.

Ich erinnere mich an den Gedanken den ich faßte und es ist derselbe Gedanke den ich auch jetzt noch habe denn dies ist ein Bericht und keine Geschichte. Wenn ich je in der Lage sein werde (denke ich) dies Zimmer zu verlassen werde ich meine Wohnung aufgeben und weggehn wohin und wie immer. Ich denke dies und denke zugleich daß ich dies Zimmer nie mehr verlassen werde auch wenn ich in der Lage sein würde es zu verlassen sondern darinbleiben für immer und ewig.

Variante: Als man ihn fand lag er hinter der einzigen Tür. Sie war offen. Sie war immer offen gewesen.

22. Helmut Heißenbüttel: Rollenverteilung

manche sind drauf reingefallen von denen ist einigen ein Licht aufgegangen da blieb ihnen die Spucke weg andere haben den Kopf in den Sand gesteckt um nicht in Teufels Küche zu geraten andere haben aufs falsche Pferd gesetzt sie waren auf dem Holzweg und sind die Dummen geblieben und haben bis heute nichts dazugelernt
manche sind ausgerutscht und haben sich rangeschmissen sie wollten die erste Geige spielen und Karriere machen und sich nichts abgehn lassen sie sind auf die schiefe Bahn geraten und mußten kleinbeigeben und haben bis heute nichts dazugelernt
manche hatten Pech es ging ihnen belämmert sie mußten auf alles gefaßt sein eine Menge von ihnen blieb auf der Strecke und ging verschütt einige hatten Schwein die sind mit einem blauen Auge davongekommen und haben sich wieder bekrabbelt
manche haben's nicht anders gewollt die waren ganz wild drauf und haben einen großen Hals gehabt und sich in die Brust geschmissen sie waren außer Rand und Band und schlugen über die Stränge bis ihnen das Maul gestopft wurde und das Handwerk gelegt da hat es ihnen die Sprache verschlagen sie haben die Hosen vollgehabt und eine schlechte Figur gemacht aber heute sind sie schon wieder obenauf
die Leidtragenden waren die die sich nicht wehren konnten auf ihnen wurde herumgetrampelt sie wurden zugrunde gerichtet und zuschanden gemacht sie hatten nichts zu melden und viele sind dabei draufgegangen und die nicht draufgegangen sind die hat's aus der Fassung gebracht
die's angezettelt hatten die haben in Saus und Braus gelebt und sich gegenseitig den Rang abgelaufen und den dicken Wilhelm markiert es ist mit ihnen durchgegangen bis sie eins auf den Deckel gekriegt haben und ihnen der Marsch geblasen wurde da waren sie im Eimer oder sind in der Versenkung verschwunden

einige waren zu allem fähig und sind vor nichts zurückgeschreckt sie haben sich nicht gescheut bis zum Äußersten zu gehn sie haben sich kein Gewissen draus gemacht sie wollten ihr Mütchen kühlen und sich ins Fäustchen lachen da haben sie ihr Teil gekriegt es ist kurzer Prozeß mit ihnen gemacht worden
die meisten aber haben sich durchgemogelt und die Konjunktur ausgenutzt und ihr Schäfchen ins Trockene gebracht es ist ihnen glatt heruntergegangen sie sind gut drüber weggekommen sie haben das Beste draus gemacht sie haben es immer besser gewußt und wissen von nichts und gehen auch heute noch auf Nummer Sicher
die paar die die Augen offen gehalten oder den Laden durchschaut haben die haben keinen Hund hinterm Ofen rausgelockt wer nicht die Klappe gehalten hat hat's bezahlen müssen und sich in die Nesseln gesetzt und wer nicht Schluß gemacht hat der ist das ist merkwürdig nicht ganz schlecht dabei gefahren

23. Walter Jens: Bericht über Hattington

Der Winter kam in diesem Jahr sehr früh; schon Mitte November hatten wir 15 Grad Kälte, und in der ersten Dezemberwoche schneite es sechs Tage lang hintereinander; am fünften, einem Mittwoch, brach Hattington aus. Er hatte offenbar damit gerechnet, daß der Schnee seine Spuren verschluckte – und diese Rechnung ging auf. Die Hunde verloren die Witterung, und die Gendarmen kehrten noch im Laufe der Nacht nach Colville zurück.
Am Morgen darauf wurde unser Polizeiposten verstärkt, und Sergeant Smith bekam zwei neue Kollegen: man vermutete nämlich, daß Hattington versuchen würde, auf dem schnellsten Wege zu uns nach Knox zu gelangen; denn hier hatte man ihn, einen seit langem gesuchten Verbrecher, im Mai auf offener Straße verhaftet – wahrscheinlich auf eine

Anzeige hin, die von der Kellnerin Hope und dem Tankstellenwart Madison kam, bei denen Hattington in Kreide stand. Die Annahme lag also nahe, daß der Zuchthäusler, um Rache zu nehmen, zuerst nach Knox kommen würde.
Von nun an wohnte die Angst in unserer Stadt. Martha Hope verreiste für einige Wochen, Madison hatte den Revolver entsichert neben dem Bett. Aber auch wir anderen waren in Sorge: nach 10 Uhr abends verließ niemand sein Haus, die Kinder wurden von den Eltern zur Schule gebracht. Die Polizei durchkämmte jeden Winkel: kein Keller und kein Speicher, kein Schuppen und keine Baracke, die man nicht mehrfach durchsuchte; sogar die Kanalisationsschächte wurden geprüft. Doch obwohl sich nirgendwo auch nur die schwächste Fährte fand (kein Anzeichen einer Vermutung, geschweige denn eine handfeste Spur), wollte das Gerücht nicht verstummen, einer unter uns habe den Entkommenen, der nur auf seine Stunde warte, versteckt: einmal sollte es der Schankwirt Ellington, ein andermal der Zeitungshändler Bore, das dritte Mal ein zugewanderter Hausierer sein, der seine Waren zwischen Colville und Baxton verkaufte. Das Mißtrauen beherrschte die Stadt; anonyme Briefe wurden geschrieben; im *Colville-Star* fand man geheimnisvolle Annoncen: ACHTET AUF BORE oder JUDAS ELLINGTON, WO WARST DU AM 4. DEZEMBER? Erst als Weihnachten und Neujahr vorbeigingen, ohne daß das geringste geschah, begannen wir wieder Hoffnung zu schöpfen, zumal es jetzt hieß, ein reisender Weinhändler habe Hattington in einer kanadischen Kleinstadt, nahe der Grenze, gesehen. Martha Hope kehrte zurück; Madison verkaufte den Wachhund, in den Wirtschaften war wieder Hochbetrieb, und es hatte den Anschein, als ob unsere Bürger das wochenlang Versäumte in ein paar Tagen nachholen wollten. Die Fenster wurden entriegelt, Sicherheitsschlösser geöffnet, man hörte Lärm und Musik auf den Straßen, und die Maskerade im *Saloon*, ein Fest wie seit Jahren nicht mehr, dauerte bis gegen sechs Uhr früh.
Aber dann fand man plötzlich, am 11. Januar, unten am

Fluß die Leiche von Emily Sawdy, und zwei Tage später wurde Helen Fletcher, ein vierzehnjähriges Mädchen, auf dem Schulweg von einem Maskierten in einen Hausflur gezerrt und in grausamer Weise mißhandelt. Hattington, daran (so glaubte man) gab es nun nichts mehr zu deuteln, war also doch in der Stadt ... Wer aber hatte ihn versteckt? Madison vielleicht, um sich freizukaufen? Oder Martha Hope, weil sie erpreßt worden war? Schwarze Listen machten die Runde; Häuserwände und Gehsteige waren mit Verleumdungen bedeckt; und als am 1. Februar das Drei-Männer-Tribunal beauftragt wurde, das Leben jeden Bürgers genau zu durchforschen, begann eine Hexenjagd, die an die schlimmsten Zeiten denken ließ. Bald gab es kein Geheimnis mehr, das, von Schnüfflern entdeckt, nicht ans Tageslicht kam: Ehemänner, die einmal gefehlt hatten, sahen sich wie Verbrecher behandelt, harmlose Trinker wurden des Mordes verdächtigt; der Frauenverein ließ vor den Kino-Vorstellungen Zettel verteilen, auf denen sich die Bürger ermahnt sahen, den Umgang mit gewissen Leuten, wenn ihnen das Leben lieb sei, zu meiden. Auf der anderen Seite mehrten sich gerade in diesen Tagen unter den jungen Leuten Unordnung und Zuchtlosigkeit. Während die Älteren ihre Häuser nach Möglichkeit nur noch zur Arbeit oder zum Kirchgang verließen, versammelten sich die Jüngeren abends im Wirtshaus, tranken und johlten, pöbelten die Erwachsenen an und errichteten am Ende ein solches Schreckensregiment, daß wir ihrer nur mit Hilfe einer Art von Zivilpolizei, der Bürgerwehr, Herr werden konnten. Schließlich blieb kein anderer Ausweg, als die Rädelsführer kurzweg zu verhaften – und dabei kam dann heraus, daß auch die schlimmsten Radaubrüder sich eher aus Furcht, eines Tages Hattingtons Opfer zu werden, denn aus Übermut zusammenrotteten. Das hat mir wieder einmal gezeigt, wie schnell die allgemeine Raserei im Schatten der Angst und des Schreckens gedeiht. Doch im übrigen standen die Eltern, was den Verfall der Sitten betrifft, ihren Kindern nicht nach. Ich selbst habe Nächte erlebt, in denen man mich mehr als

ein dutzendmal anrief, um mich mit verstellter Stimme zum Boykott angeblich verdächtiger Bürger zu zwingen.
Und dann kam jener 17. März, an dem man Madison erwürgt in seinem Zimmer fand: der Mörder hatte ihm ein Kainsmal auf die Schläfe gebrannt. Von diesem Tag an war es auch den Vernünftigen unter uns nicht mehr möglich, Geduld zu bewahren. Wer jetzt noch zur Besonnenheit mahnte und dem hysterischen Taumel zu begegnen versuchte, sah sich kurzerhand auf die Verdächtigen-Liste gesetzt – und das hieß: eingeworfene Scheiben, zerschlagener Hausrat, Drohungen, Anzeigen, Prügel und Feme. Nur ein paar Wochen noch, und es kam zu Tätlichkeiten unter den Bürgern. Schon Anfang April hatten Fanatiker eine Negerpuppe gelyncht, einige Tage später die Praxis des jüdischen Doktors zerschlagen. Nun ging man einen Schritt weiter: im Zeichen Hattingtons wurden alte, längst verjährte Rechnungen beglichen; Revolver, Messer und Knute regierten, und wer sich widersetzte, dem wurde zum Lohn mit Kreide ein H auf die Haustür gemalt: er ist ein Hattington-Freund; ihr könnt mit ihm tun, was ihr wollt; niemand wird ihm beistehen wollen.
Im April hat dann sogar Reverend Snyder, einer der letzten besonnenen Männer, kapituliert: von der Kanzel aus befahl er uns, den Mörder und seine Helfershelfer zu jagen. Das war am Sonntag vor Ostern, am Tag darauf war die Macht des Winters gebrochen, und die große Schmelze begann. Die Sonne brachte alles an den Tag: am Karfreitag fand man Hattingtons Leiche, hundert Meter vom Zuchthaus entfernt. Weiter war er nicht gekommen bei seinem Ausbruchsversuch im Dezember. Der Schnee hatte die Spuren verschluckt, der Eissarg seinen Körper geschützt.
Von diesem Tage an begann es still zu werden, hier bei uns in Knox. Wer es irgend ermöglichen konnte, zog weg. Emily Sawdys und Madisons Mörder aber wurde niemals gefunden, das Vergehen an Helen Fletcher nicht gesühnt. Nur ich habe einen bestimmten Verdacht, doch ich schweige, und sonst weiß niemand, wer der Täter war. Eines aber ist

sicher: es gibt nicht viele Leute in unserer Stadt, die frei sind von Schuld.

24. Hermann Kasack: Das unbekannte Ziel

Die stählerne Rakete war von der Bodenmannschaft abgefeuert worden und sogleich den Blicken entschwunden. Nur matte Tupfen schwärzlichen Rauchs, die sich im Blau des Himmels abzeichneten, deuteten die Richtung der steilen Kurve an, in der die Bahn verlief. Die Granate durchschnitt die Luft, einem unbekannten Ziel entgegen. Sie sollte ungemessene Fernen überwinden und an irgendeinem Ort des Erdballs einschlagen. Vielleicht galt das leere Nichts als Ziel, ein Steppengelände oder eine Insel im Meer; vielleicht war eine große Stadt gemeint, deren Menschen in diesem Augenblick noch nichts von dem mit unheimlicher Kraft dahinsausenden Meteor ahnten.
Wie ein Silberfisch anzuschauen, flog ich durch die Regionen des Äthers, schon in einer höheren Sphäre als der, in welcher Wolken die Hülle der Erde bilden. In einer Tiefe, die nicht auszuloten war, rauschten unter mir die Gefilde des Raums. Das Stahlgehäuse, das mich umschloß, trug mich in gefrorenen Sekunden durch die Zeit. Vielmehr – die Zeit begann stillzustehen und hinter mir wie ein Luftkanal zurückzubleiben, während ich zum Augenblick der Zukunft wurde, der sich zur Gegenwart entfalten müßte, sobald das Geschoß auf Erden niederging. Ich blieb Gefangener des Fluges, Gefangener des sausenden Geschehens. War meine Existenz der Wurf Gottes, so würde der Aufprall, dem ich unaufhaltsam wie dem Tode entgegenflog, das Opfer meines Lebens bedeuten, ein Selbstgericht im läuternden Feuer, von dem die Weisen und Dichter seit altersher wissen. Galt ich aber den Dämonen als Gefäß, dann müßte mit der Explosion das Unheil aus der Büchse der Pandora[6], wie es die neuen

6. griech, die Allbeschenkte; sie wurde von den griechischen Göttern mit einer Büchse, die Jammer und Leid enthielt, als erste Frau auf die Erde geschickt.

Giftingenieure zusammenbrauen, vernichtend sich über alle Welt ergießen. Der Ausgang schien ungewiß; aber das Wagnis, das eigene Ich in ein überpersönliches Selbst zu verwandeln, bestätigte das Dasein.

Noch teilte sich mir der gläserne Zustand eines immerwährenden Steigens mit. Bald aber spürte ich, wie meine Fahrt den Zenit des Fluges überschritt. Statt in die Sonnen des Universums und ihre Sternwelten zu tauchen, bog sich der stählerne Leib der persongewordenen Rakete im schrägen Winkel raumwärts nach unten, ins Irdische. Ich fühlte den Fall in den Horizont. Schon ahnte ich die flächige Haut des Erdleibs, schon unterschied ich Umrisse von Land und Meer. Schwache Wülste markierten sich, wuchsen dem Auge allmählich zu Gebirgsketten empor. Im gleißenden Licht wurde Gletscherschnee erkennbar, die unberührte Einsamkeit der Erde. Weiter und, wie ich spürte, immer stärker sinkend, sah ich die prallen Adern der Flüsse hervortreten, das blaue Gerinnsel der Seen. Schon teilten durch Spinnweblinien der Verkehrsstraßen die Flächen sich auf: Kleckse von dunklem Wald, von hellen Wiesen, von buntem Ackerland, verstreute Stadtklumpen.

Ich hatte das Gefühl, als ob sich das Gefälle linderte und in ein verhaltenes Schweben überging. Ich nahm Einzelheiten der sorgsam gehegten Bezirke wahr, in denen sich irdisches Schaffen zeigt, ich glaubte, Siedlungen, Rebhügel, bestellte Felder, Obstgärten zu erkennen. Denn immer müht sich der Mensch um ein wirksames Dasein. Sein Platz ist die geordnete Natur. Auch die Wohngebiete gliederten sich dem Blick durch Straßenzüge in deutliche Häuserblocks auf, Brücken und Türme zeichneten sich in der Landschaft ab, kriechende Schatten von Schienenzügen, die ich schnell überholte, glitten unter mir hin.

Ich wußte nicht, über welchem Land ich mich befand, nicht einmal den Erdteil hätte ich anzugeben vermocht. Ich wußte nur, daß es ein Stück besiedelter Welt war, in das ich mit unaufhaltsamer Gewalt niedergelenkt wurde. Sekundennah lag vor mir die Silhouette einer großen Stadt. Im schürfenden Sturzflug sah ich das Hunderttausendwesen Mensch mit abwehrenden Armen in die Richtung des Himmels starren, aus der mein Silberfisch näher kam, und plötzlich erkannte ich in dem Wohngefüge meinen eigenen Heimatort. In eins verschmolzen waren Schütze und Geschoß, Wurf und Ziel. Bote und Botschaft. Meiner kaum noch mächtig, sah ich unmittelbar hinter der großen Stadt jene Anhöhe, von der ich weggeschleudert worden war. Wie denn: hatte ich den Erdball umkreist? War ich auf dem höchsten Punkt der Lebensfahrt in der Stratosphäre nach Gesetzen, die den geleugneten Wesen der Engel eigentümlich sind, unmerklich umgelenkt worden, und kehrte wie ein Bumerang an den Ausgangspunkt zurück?

Bevor ich landend aufschlug, bemerkte ich nicht unweit am Feldrand noch die Bodenmannschaft, die sich auf dem Heimweg befand. So konnte nicht viel Zeit seit dem Aufstieg vergangen sein. Die Leute wandten sich jäh um und warfen sich zu Boden. Im gleichen Pulsschlag berührte ich die Erde, die trichterförmig auseinanderbarst. Aus mir oder statt meiner – wer wollte das entscheiden – entfaltete sich eine ungeheure Lichtsäule.

Aus dem Pilzschirm des Rauchs steigt ein Phönix steil in die Höhe und fliegt in den kristallinischen Weltraum, der die Erde umgibt. Er schießt dahin wie ein Pfeil, von dem niemand sagen kann, ob ihn die Bogensehne eines Gottes oder eines Dämons entlassen hat. Er durchschneidet die Luft, einem unbekannten Ziel entgegen, unbeirrbar und unermüdlich, ohne Illusion, aber im Glauben an die Aufgabe, und die Aufgabe ist der Flug. Einmal, das wird der Auftrag sein, trifft der schwirrende Pfeil mitten in das Herz des Menschen.

25. Günter Kunert: Mann über Bord

Der Wind wehte nicht so stark. Bei einem Schlingern des Schiffes verlor der Matrose, angetrunken und leichtfertig tänzelnd, das Gleichgewicht und stürzte von Deck. Der Mann am Ruder sah den Sturz und gab sofort Alarm. Der Kapitän befahl, ein Boot auf das mäßig bewegte Wasser hinunterzulassen, den langsam forttreibenden Matrosen zu retten.

Die Mannschaft legte sich kräftig in die Riemen, und schon nach wenigen Schlägen erreichten sie den um Hilfe Rufenden. Sie warfen ihm einen Rettungsring zu, an den er sich klammerte. Im näherschaukelnden Boot richtete sich im Bug einer auf, um den im Wasser Treibenden herauszufischen, doch verlor der Retter selber den Halt und fiel in die Fluten, während eine ungeahnte hohe Woge das Boot seitlich unterlief und umwarf. Der Kapitän gab Anweisung, auf die Schwimmenden und Schreienden mit dem Dampfer zuzufahren. Doch kaum hatte man damit begonnen, erschütterte ein Stoß das Schiff, das sich schon zur Seite legte, sterbensmüde, den stählernen Körper aufgerissen von einem zackigen Korallenriff, das sich knapp unter der Oberfläche verbarg. Der Kapitän versackte wie üblich zusammen mit dem tödlich verwundeten Schiff.

Er blieb nicht das einzige Opfer: Haie näherten sich und verschlangen, wen sie erwischten. Wenige der Seeleute gelangten in die Rettungsboote, um ein paar Tage auf der unübersehbaren Menge salziger Flüssigkeit zu verdursten. Der Matrose aber, der vom Dampfer gestürzt war, geriet unversehrt in eine Drift, die ihn zu einer Insel trug, auf deren Strand sie den Erschöpften warf; dort wurde er gefunden, gepflegt, gefeiert als der einzige Überlebende der Katastrophe, die er selber als die Folge einer Kesselexplosion schilderte, welche ihn weit in die Lüfte geschleudert habe, so daß er aus der Höhe zusehen konnte, wie die Trümmer mit Mann und Maus versanken.

Von dieser Geschichte konnte der einzig Überlebende auf

jener Insel trefflich leben; Mitleid und das Hochgefühl, einen seinen Schicksals zu kennen, ernährten ihn. Nur schien den Leuten, daß sein Verstand gelitten haben mußte: Wenn ein Fremder auftauchte, verschwand der Schiffbrüchige, erblassend und zitternd und erfüllt von einer Furcht, die keiner deuten konnte: ein stetes Geheimnis und daher ein steter Gesprächsstoff für die langen Stunden der Siesta.

26. Günter Kunert: Ballade vom Ofensetzer

Wie flink seine Hände, wie elegant sein Griff in den Lehm! Wie bewundernswert die kühne Sicherheit, mit der Albuin Kachel auf Kachel fügte, welche im Geviert um ihn, den fleißigen Ofensetzer, geschwind aufsteigen, bis er Mühe hat, das Bein über eine der brüstungshohen Wände des halbfertigen Wärmeturmes zu heben und auszusteigen. Von außen dann vollendet er seine Arbeit, die darin gipfelt, daß unter einem sanft geführten Lappen der Glanz der Lasur leuchtend aufstrahlt.
Einmal verpaßte er den Moment des Aussteigens, versunken ins eigene Werk, blind von Schöpfertum. Der Ofen wächst und wächst. Und als Albuin die Platte zu seinen Häupten einsetzt und überraschend Dunkelheit ihn umfängt, da erst erlischt der Schaffensrausch, da erst merkt der Ofensetzer, was ihm geschehen ist.
Schon klingen draußen Schritte auf: Der Meister mit einigen Gesellen steht vor Albuins Werk, das sie neidvoll bewundern, wie der Gefangene hört: Was für ein herrlicher Ofen! Über alle Maßen maßgerecht gefügt! Beim bloßen Anschauen wird einem warm ums Herz!
Albuin geniert sich, seine Anwesenheit innerhalb der eigenen Schöpfung laut werden zu lassen, doch die anderen entdecken ihn sogleich, als einer probehalber die Feuerklappe öffnet.

Die Stimmen schweigen. Endlich ruft ihn der Meister an, traurigen Tones und kläglich fragend, was nun eigentlich werden solle? Albuin will antworten, da beginnen die Gesellen, laut und eindringlich diesen außerordentlich gelungenen Hitzespender zu preisen; wahrscheinlich Albuins bestes Stück, das er kaum werde übertreffen können. Solle man dieses etwa abreißen?
Die Huldigung verklebt Albuin die Lippen. Ehe er sie aufbekommt, wird draußen bereits gefragt, ob er denn nicht die Menschen liebe: im Allgemeinen und im Besonderen jene, die morgen in diese Wohnung hier einzögen, und die ein augenblicklicher Ofenabriß dem Frost auslieferte und damit Krankheit, Not und Tod.
So ist es! dröhnt die Stimme des Meisters: Genauso ist es! Willst du das, Albuin? Bist du so einer, der das will?!
Bevor Albuin eine Erwiderung einfällt, kniet der Meister vor dem Ofen und flüstert ins Feuerloch: Ob Albuin außerdem die Schande bedenke, falls bekannt würde, die Ofensetzer seien derart unfähig, daß sie wieder zerstörten, was sie eben erst errichtet? Die Gilde könne sofort die Stadt verlassen. Hier gäbe es keine Arbeit mehr für sie. Willst du das, Albuin?
Während Albuin noch überlegt, was er nun wirklich wolle, und ob er tatsächlich so einer sei, wie man draußen fürchtet, fühlt er, wie sich Knüllpapier um seine Knöchel häuft. Holzstücke schieben sich kratzend zwischen Hosenbein und Haut. Das Raunen außerhalb der dämpfenden Kachel erhebt sich zum schallenden Lob Albuins, des großen Ofensetzers, des uneigennützigen, dessen eigene Kehle dagegen nicht aufkommt. Dieses und jenes zuammen übertönen das schwache Schnappen eines Feuerzeuges, das helle Knistern und alles weitere, das nicht ahnt, wer in diesem Zimmer hausen wird, gut gewärmt und fröhlich gestimmt durch das anheimelnde Geräusch, welches ein kräftig flackerndes Feuer hervorbringt.

27. Günter Kunert: Memory

Immer war er betrunken, so daß von ihm gesagt werden kann: Nur noch sein Fleisch existierte. Auch das schon schwach und in Verfall begriffen. Einmal war er in Spanien gewesen, als dort der Krieg flackerte. Auf seiten der Roten Bataillone in der Front der Gerechten gegen die Armeen der Unterdrücker hatte er Taten vollbracht und geschossen und geliebt und lachend vieles ertragen. Wie der Mond hinter der Wolke hervorkommt, wird sein Blick glänzend, und schwindet der Schnapsschleier, spricht er davon. Vor jener Zeit hat er noch nicht gelebt und nach jener nicht mehr. Den die Kugel des Feindes verschonte, traf die Kleinheit des Alltags tödlich.

28. Günter Kunert: Seit dem 42. Jahr des Jahrhunderts

Aufgeblättert in einer alten Zeitschrift dies: Vor schwarzuniformierten Schatten im Hintergrund das starre Antlitz eines jungen Mannes, auf der Brust das Zeichen der Auserwähltheit des Volkes – den Schlachtviehstempel –, hungerdörr und verlegen lächelnd: als schäme er sich seines Zustands, den das Foto auf immer zeigt. Seine Hinterlassenschaft: eine Handvoll Asche, zu der er gemacht ward und die auf dieser Erde lastet unaufhebbar.

29. Reinhard Lettau: Auftritt

Ein Herr tritt ein.
»Ich bin's«, sagt er.
»Versuchen Sie es noch einmal«, rufen wir.
Er tritt erneut ein.
»Hier bin ich«, sagt er.

»Es ist nicht viel besser«, rufen wir.
Wieder betritt er das Zimmer.
»Es handelt sich um mich«, sagt er.
»Ein schlechter Anfang«, rufen wir.
Er tritt wieder ein.
»Hallo«, ruft er. Er winkt.
»Bitte nicht«, sagen wir.
Er versucht es wieder.
»Wiederum ich«, ruft er.
»Beinahe«, rufen wir.
Noch einmal tritt er ein.
»Der Langerwartete«, sagt er.
»Wiederholung«, rufen wir, aber ach, nun haben wir zu lange gezögert, nun bleibt er draußen, will nicht mehr kommen, ist weggesprungen, wir sehen ihn nicht mehr, selbst wenn wir die Haustür öffnen und links und rechts die Straße schnell hinunterschauen.

30. Kurt Marti: Neapel sehen

Er hatte eine Bretterwand gebaut. Die Bretterwand entfernte die Fabrik aus seinem häuslichen Blickkreis. Er haßte die Fabrik. Er haßte seine Arbeit in der Fabrik. Er haßte die Maschine, an der er arbeitete. Er haßte das Tempo der Maschine, das er selber beschleunigte. Er haßte die Hetze nach Akkordprämien, durch welche er es zu einigem Wohlstand, zu Haus und Gärtchen gebracht hatte. Er haßte seine Frau, sooft sie ihm sagte, heute nacht hast du wieder gezuckt. Er haßte sie, bis sie es nicht mehr erwähnte. Aber die Hände zuckten weiter im Schlaf, zuckten im schnellen Stakkato der Arbeit. Er haßte den Arzt, der ihm sagte, Sie müssen sich schonen, Akkord ist nichts mehr für Sie. Er haßte den Meister, der ihm sagte, ich gebe dir eine andere Arbeit, Akkord ist nichts mehr für dich. Er haßte so viele verlogene Rücksicht, er wollte kein Greis sein, er wollte keinen kleineren Zahltag, denn immer war das die Hinterseite von so viel Rücksicht, ein kleinerer Zahltag. Dann wurde er krank, nach vierzig Jahren Arbeit und Haß zum ersten Mal krank. Er lag im Bett und blickte zum Fenster hinaus. Er sah sein Gärtchen. Er sah den Abschluß des Gärtchens, die Bretterwand. Weiter sah er nicht. Die Fabrik sah er nicht, nur den Frühling im Gärtchen und eine Wand aus gebeizten Brettern. Bald kannst du wieder hinaus, sagte die Frau, es steht alles in Blust. Er glaubte ihr nicht. Geduld, nur Geduld, sagte der Arzt, das kommt schon wieder. Er glaubte ihm nicht. Es ist ein Elend, sagte er nach drei Wochen zu seiner Frau, ich sehe immer das Gärtchen, sonst nichts, nur das Gärtchen, das ist mir zu langweilig, immer dasselbe Gärtchen, nehmt doch einmal zwei Bretter aus der verdammten Wand, damit ich was anderes sehe. Die Frau erschrak. Sie lief zum Nachbarn. Der Nachbar kam und löste zwei Bretter aus der Wand. Der Kranke sah durch die Lücke hindurch, sah einen Teil der Fabrik. Nach einer Woche beklagte er sich, ich sehe immer das gleiche Stück der Fabrik, das lenkt mich zuwenig ab. Der Nachbar kam und legte die Bretterwand zur Hälfte nieder. Zärtlich ruhte der Blick des Kranken auf seiner Fabrik, verfolgte das Spiel des Rauches über dem Schlot, das Ein und Aus der Autos im Hof, das Ein des Menschenstromes am Morgen, das Aus am Abend. Nach vierzehn Tagen befahl er, die stehengebliebene Hälfte der Wand zu entfernen. Ich sehe unsere Büros nie und auch die Kantine nicht, beklagte er sich. Der Nachbar kam und tat, wie er wünschte. Als er die Büros sah, die Kantine und so das gesamte Fabrikareal, entspannte ein Lächeln die Züge des Kranken. Er starb nach einigen Tagen.

31. Christoph Meckel: Weltende

Die Legenden berichten von einem Mann, der eines Tages erscheinen und dank seiner zauberfähigen Augen die Erde leerblicken wird. Es heißt, daß seine Blicke über die Fähigkeit verfügen werden, die erblickten Dinge von ihren Stellen zu lösen und unversehrt hinter seinen Pupillen und Lidern anzusiedeln. Dieser Mann, vermutet man, wird zuletzt, vom vielen, lückenlosen Betrachten müde, den ganzen Erdball hinter seinen Augen versammelt haben und das verlagerte Leben wird in seinem Kopfe weitergehen mit Ebbe und Flut, Jahrmärkten und Mondaufgängen. Als es selbst oder als seine eigene Erinnerung? Als Zerrbild oder verworrenes Echo –?

Desgleichen wird der Mann alle Laute, Sprachen und Musik zu Ende und in sich hineinhören und alle Gerüche aufatmen, so daß zum Schluß nichts anderes mehr übrig bleiben wird als er selbst, Hülle und Tresor der unverwüstlichen Welt, die nie sterben können wird.

Eisenbahnen und Vogelzüge, deren Weg hinter seinen Augen vorüberführt, werden durch seine Pupillen und Lidspalten Ausschau nach ihren Wurzeln und ursprünglichen Wegen, nach etwaigen Spuren und Schattenresten halten, aber so wenig, so befremdend gar nichts sehen wie eine Ameise durch ein Bullauge der Arche Noah gesehen haben mochte. Wenn dann dieser Mann, im Falle er sich vereinsamt vorkommt, den Versuch wagt, etwas zur Gesellschaft neben sich zu stellen, etwa ein Haus, einen Hund oder eine Fläche Blumen, so werden seine unerbittlich verzehrenden Blicke dem Anblick zuvorkommen und das Gewünschte zurückbehalten, ohne daß es sich außerhalb seines Kopfes befunden hätte.

Seine Augen, sagt man, werden zu großen Schaufenstern werden, in denen kleine Stücke Welt ihr wunderliches Überleben feiern mit Kartenhäusern und zerbrochenen Himmeln, Feierabenden und Tanzpalästen, aber keiner wird sich je auftreiben lassen, der es hinter den Lidern also fortbestehen sähe, denn er würde sofort von einem jener Blicke ergriffen, fände, wenn auch widerstrebend, Eingang und Untergang durch die Augen dieses Mannes und Zugehörigkeit zu Birnbäumen und Glockenspielen unter dessen Schläfe.

32. Helga M. Novak: Eis

Ein junger Mann geht durch eine Grünanlage. In einer Hand trägt er ein Eis. Er lutscht. Das Eis schmilzt. Das Eis rutscht an dem Stil hin und her. Der junge Mann lutscht heftig, er bleibt vor einer Bank stehen. Auf der Bank sitzt ein Herr und liest eine Zeitung. Der junge Mann bleibt vor dem Herrn stehen und lutscht.
Der Herr sieht von seiner Zeitung auf. Das Eis fällt in den Sand.
Der junge Mann sagt, was denken Sie jetzt von mir?
Der Herr sagt erstaunt, ich? Von Ihnen? Gar nichts.
Der junge Mann zeigt auf das Eis und sagt, mir ist doch eben das Eis runtergefallen, haben Sie da nicht gedacht, so ein Trottel?
Der Herr sagt, aber nein. Das habe ich nicht gedacht. Es kann schließlich jedem einmal das Eis runterfallen.
Der junge Mann sagt, ach so, ich tue Ihnen leid. Sie brauchen mich nicht zu trösten. Sie denken wohl, ich kann mir kein zweites Eis kaufen. Sie halten mich für einen Habenichts. Der Herr faltet seine Zeitung zusammen. Er sagt, junger Mann, warum regen Sie sich auf? Meinetwegen können Sie soviel Eis essen, wie Sie wollen. Machen Sie überhaupt, was Sie wollen. Er faltet die Zeitung wieder auseinander.
Der junge Mann tritt von einem Fuß auf den anderen. Er sagt, das ist es eben. Ich mache, was ich will. Mich nageln Sie nicht fest. Ich mache genau, was ich will. Was sagen Sie dazu?
Der Herr liest wieder in der Zeitung.

Der junge Mann sagt laut, jetzt verachten Sie mich. Bloß, weil ich mache, was ich will. Ich bin kein Duckmäuser. Was denken Sie jetzt von mir?
Der Herr ist böse.
Er sagt, lassen Sie mich in Ruhe. Gehen Sie weiter. Ihre Mutter hätte Sie öfter verhauen sollen. Das denke ich jetzt von Ihnen.
Der junge Mann lächelt. Er sagt, da haben Sie recht.
Der Herr steht auf und geht.
Der junge Mann läuft hinterher und hält ihn am Ärmel fest. Er sagt hastig, aber meine Mutter war ja viel zu weich. Glauben Sie mir, sie konnte mir nichts abschlagen. Wenn ich nach Hause kam, sagte sie zu mir, mein Prinzchen, du bist schon wieder so schmutzig. Ich sagte, die anderen haben nach mir geworfen. Darauf sie, du sollst dich deiner Haut wehren. Laß dir nicht alles gefallen. Dann ich, ich habe angefangen. Darauf sie, pfui, das hast du nicht nötig. Der Stärkere braucht nicht anzufangen. Dann ich, ich habe gar nicht angefangen. Die anderen haben gespuckt. Darauf sie, wenn du nicht lernst, dich durchzusetzen, weiß ich nicht, was aus dir werden soll. Stellen Sie sich vor, sie hat mich gefragt, was willst du denn mal werden, wenn du groß bist? Neger, habe ich gesagt. Darauf sie, wie ungezogen du wieder bist.
Der Herr hat sich losgemacht.
Der junge Mann ruft, da habe ich ihr was in den Tee getan. Was denken Sie jetzt?

33. Helga M. Novak: Schlittenfahren

Das Eigenheim steht in einem Garten. Der Garten ist groß. Durch den Garten fließt ein Bach. Im Garten stehen zwei Kinder. Das eine der Kinder kann noch nicht sprechen. Das andere Kind ist größer. Sie sitzen auf einem Schlitten. Das kleinere Kind weint. Das größere sagt, gib den Schlitten her. Das kleinere weint. Es schreit.

Aus dem Haus tritt ein Mann. Er sagt, wer brüllt, kommt rein. Er geht in das Haus zurück. Die Tür fällt hinter ihm zu.
Das kleinere Kind schreit.
Der Mann erscheint wieder in der Haustür. Er sagt, komm rein. Na wird's bald. Du kommst rein. Nix. Wer brüllt, kommt rein.
Komm rein.
Der Mann geht hinein. Die Tür klappt.
Das kleinere Kind hält die Schnur des Schlittens fest. Es schluchzt.
Der Mann öffnet die Haustür. Er sagt, du darfst Schlitten fahren, aber nicht brüllen. Wer brüllt, kommt rein. Ja. Ja. Jaaa. Schluß jetzt.
Das größere Kind sagt, Andreas will immer allein fahren.
Der Mann sagt, wer brüllt, kommt rein. Ob er nun Andreas heißt oder sonstwie.
Er macht die Tür zu.
Das größere Kind nimmt dem kleineren den Schlitten weg.
Das kleinere Kind schluchzt, quietscht, jault, quengelt.
Der Mann tritt aus dem Haus. Das größere Kind gibt dem kleineren den Schlitten zurück. Das kleinere Kind setzt sich auf den Schlitten. Es rodelt.
Der Mann sieht in den Himmel. Der Himmel ist blau. Die Sonne ist groß und rot. Es ist kalt.
Der Mann pfeift laut. Er geht wieder ins Haus zurück. Er macht die Tür hinter sich zu.
Das größere Kind ruft, Vati, Vati, Vati, Andreas gibt den Schlitten nicht mehr her.
Die Haustür geht auf. Der Mann steckt den Kopf heraus. Er sagt, wer brüllt, kommt rein. Die Tür geht zu.
Das größere Kind ruft, Vati, Vativativati, Vaaatiii, jetzt ist Andreas in den Bach gefallen.
Die Haustür öffnet sich einen Spalt breit. Eine Männerstimme ruft, wie oft soll ich das noch sagen, wer brüllt, kommt rein.

34. Christa Reinig: Fische

Ein Fisch biß in einen Angelhaken. Was flatterst du so hektisch herum? fragten ihn die anderen Fische. Ich flattere nicht hektisch herum, sagte der Fisch an der Angel, ich bin Kosmonaut und trainiere in der Schleuderkammer. – Wer's glaubt, sagten die anderen Fische, und sahen zu, wie es weitergehen sollte. Der Fisch an der Angel erhob sich und flog in hohem Bogen aus dem Wasser. Die Fische sagten: Er hat unsere Sphäre verlassen und ist in den Raum hinausgestoßen. Mal hören, was er erzählt, wenn er zurückkommt. Der Fisch kam nicht wieder. Die Fische sagten: Stimmt also, was die Ahnen uns überliefert haben, daß es da oben schöner ist, als hier unten. Ein Kosmonaut nach dem anderen begab sich zum Training in die Schleuderkammer und flog in den Raum hinaus. Die Kosmonauten standen in Reih und Glied und warteten, bis sie drankamen. Am Ufer saß ein einsamer Angler und weinte. Einer der Kosmonauten sprach ihn an und fragte: O großer Fisch, was weinst du, hast du auch gedacht, daß es hier oben schöner ist? – Darum weine ich nicht, sagte der Angler, ich weine, weil ich niemandem erzählen kann, was hier und heute geschieht. Achtundfünfzig in einer Stunde und kein Zeuge weit und breit.

35. Wolfdietrich Schnurre: Die Prinzessin

Ein Käfig; auf, ab, trottet es drin, auf, ab; zerfranst, gestreift: die Hyäne. Mein Gott, wie sie stinkt! Und Triefaugen hat sie, die Ärmste; wie kann man nur mit derart grindligen Blicken überhaupt noch was sehen?
Jetzt kommt sie zum Gitter, ihr Pestatem trifft mich am Ohr.
»Glauben Sie mir?«
»Aufs Wort«, sage ich fest.

Sie legt die Pfote ans Maul: »Ich bin nämlich verzaubert.«
»Was Sie nicht sagen; richtig verzaubert?«
Sie nickt. »In Wirklichkeit nämlich –«
»In Wirklichkeit nämlich –?«
»– ich bin eine Prinzessin«, haucht sie bekümmert.
»Ja, aber um Himmels willen!« rufe ich, »kann Ihnen denn da gar keiner helfen?«
»Doch«, flüstert sie; »die Sache ist so: Jemand müßte mich einladen.«
Ich überschlage im Geist meine Vorräte; es ließe sich machen. »Und Sie würden sich tatsächlich verwandeln?«
»Auf Ehre.«
»Also gut«, sage ich, »dann seien Sie heute zum Kaffee mein Gast.«
Ich gehe nach Hause und ziehe mich um. Ich koche Kaffee und decke den Tisch. Rosen noch aus dem Garten, die Cornedbeef-Büchse spendiert, nun kann sie kommen.
Pünktlich um vier geht die Glocke. Ich öffne, es ist die Hyäne.
»Guten Tag«, sagt sie scheu; »Sie sehen, da bin ich.«
Ich biete ihr den Arm, und wir gehen zum Tisch. Tränen laufen ihr über die zottigen Wangen, »Blumen –«, schluchzt sie, »oh je!«
»Bitte«, sage ich, »nehmen Sie Platz. Greifen Sie zu.«
Sie setzt sich geziert und streicht sich geifernd ein Brötchen.
»Wohl bekomm's«, nicke ich.
»Danke«, stößt sie kauend hervor.
Man kann Angst bekommen, was sie verschlingt. Brötchen auf Brötchen verschwindet; auch die Cornedbeef-Büchse ist leer. Dazwischen schlürft sie schmatzend den Kaffee und läßt erst zu, daß ich ihr neuen eingieße, wenn sie den Rest herausgeleckt hat.
»Na –?« frage ich, »schmeckt es?«
»Sehr«, keucht sie rülpsend. Doch dann wird sie unruhig.
»Was ist denn«, erkundige ich mich.
Sie stößt abermals auf und blickt vor sich nieder; Aasgeruch

hängt ihr im Fell, rötliche Zecken kriechen ihr über die kahlen Stellen hinter den Ohren.
»Nun –?« ermutige ich sie.
Sie schluchzt. »Ich habe Sie belogen«, röchelt sie heiser und dreht hilflos einen Rosenstiel zwischen den Krallen: »ich – ich bin gar keine Prinzessin.«
»Schon gut«, sage ich; »ich wußte es längst.«

36. Wolfgang Weyrauch: Das Unterseeboot

Etwas kam aus dem Fluß heraus, dort, wo die Landstraße, welche die Hauptstraße der Stadt fortsetzt, auf den Fluß trifft, und dann zieht sie sich durch das Dorf, hinter dem der Weg zum Waldgebirge mit der Höhle abzweigt. Aber was es war, das aus dem Fluß herauskam, hätte niemand sagen können, so fremd sah es aus, so seltsam. Doch niemand sah es, denn hier war die einsamste Stelle des Flusses von der Quelle bis zur Mündung, und der Nebel war hier so dick wie sonst nirgends, weder weiß noch grau noch gelb, sondern fast schwarz, als wippte eine Riesin ihre weiten Röcke, trauerfarben und durcheinanderschwingend. Aber bevor das, was aus dem Fluß herauskam, erschien, war der Nebel hier und überall sonst ein Nebel wie jeder andre auch. Vielleicht war der neue Nebel entstanden, um das, was aus dem Fluß herauskam, zu verbergen, vielleicht war er von dem, was sich jetzt dem nördlichen Ufer des Flusses näherte und da anlegte, selbst erzeugt worden, so, wie von dem Augenblick an, da der Schatten des Boots mitten in den Schatten des Nebels auftauchte, ein Ton zu hören war, ein einziger Ton, hoch, überhoch, so hoch, daß er beinahe kippte, und dann wäre er nicht mehr etwas, das man hören konnte, vielmehr etwas zum Sehen, etwas, das glühte, so heftig, daß es zu brennen anfing, selbst zu brennen und andres zu verbrennen, und dann könnte man es sowohl sehen als auch hören. Aber vorläufig war es nur ein Ton, der sich nicht veränderte. Er wurde auch nicht lauter oder leiser. Er war so gleichmäßig, daß man ihn schließlich überhörte, als wäre er nie dagewesen. Wahrscheinlich sollte es so sein. Das Boot, oder was es war, sollte vergessen werden, wenigstens unbeachtet, obwohl der Ton ja grade auf das Boot aufmerksam machte. Aber vermutlich ging das nicht anders. Der Ton war sicher unentbehrlich, dafür, daß das Boot in Betrieb blieb und sofort untertauchen konnte, wenn jemand in seine Nähe kam und feststellen wollte, was es mit dem Boot auf sich hatte. Ja, es war bestimmt ein Boot, ein Unterseeboot sogar, da es aus dem Wasser gekommen war, ein kleines, ja, winziges allerdings, kurz und niedrig, denn der Fluß war seicht. Es schien, wie andre U-Boote auch, einen Turm und ein Periskop zu haben. Aber es bestand offenbar nicht aus demselben Material wie andre U-Boote. Es dehnte sich aus und zog sich zusammen, größer, kleiner, größer, kleiner, immer wieder, immer in gleichen Abständen, als atme es, als wäre es ein atmendes Tier. Das, was aus dem Wasser gekommen war, war womöglich gar kein Unterseeboot, sondern ein Fisch, oder beides. Womöglich benutzten unbekannte Wesen diesen Fisch als U-Boot, als bemanntes U-Boot. Die Besatzung, oder ein Teil der Besatzung, begann, an Land zu gehen, einer nach dem andern. Immer, wenn sich das Unterseeboot, oder der Fisch, ausdehnte, verließ etwas oder jemand den Körper mit der Farbe des Nebels. Es war, als speie der Körper andre Körper aus, der Schatten andre Schatten. Zuerst waren die Körper, oder die Schatten, kurz und niedrig, wie das Boot, das sie ausgesondert hatte. Aber kaum standen sie auf dem Ufer, schwollen sie an. Aus Zwergen wurden Riesen, Ungeheuer, die nichts glichen, was es bisher gegeben hatte. Sie waren so dünn wie Samenfäden und so hoch wie die höchsten Schornsteine. Sie waren so rund wie Kreise und so hoch wie die höchsten Silos. Sie hatten keine Köpfe oder mehrere Köpfe übereinander. Sie hatten Köpfe ohne Augen, ohne Mäuler, oder mit Augenhöhlen, doch ohne Augen. Sie hatten Flügel statt Arme. Sie hatten ein Bein, breit wie der Rumpf, statt zwei Beinen, sie waren entweder ganz gefedert oder ganz behaart. Sie hatten Häute wie Menschen. Aber wenn sie wie Menschen aussahen, wuchsen ihnen metallische Gegenstände aus der Menschenhaut, Nägel, Schrauben, Hämmer, Sägen, und so schienen sie doch wieder keine Menschen zu sein, sondern Maschinen, die als Menschen hergestellt waren, als ungeheure Menschen, die so konstruiert waren, daß sie gleich Menschen handelten, gleich Menschen und wieder nicht gleich Menschen, Menschenmaschinen, die etwas auszuführen hatten, etwas Gutes, etwas Böses, wer konnte es wissen, von wem hergestellt und geschickt? Niemand wußte es. Aber jedermann würde es erfahren, denn nun, nachdem das Unterseeboot sich zum letztenmal gestreckt hatte und wieder zusammengeschrumpft war, verstreuten sich die Ungeheuer überallhin. Sie verschwanden, als wären sie nie dagewesen. Das U-Boot aber blieb liegen, wer weiß, wozu.

37. Gabriele Wohmann: Muränenfang

– Was willst du machen da unten? fragte das Kind.
– Ihnen auflauern, sagte der Mann, sie werden sich vorwagen bei der nächsten Welle.
Er sprang mit den klatschenden Füßen vom nassen Fels auf einen tiefergelegenen, beugte den rotbraunen Oberkörper, die Sehnen des rechten Arms waren angespannt, lauernd.
– So einer hat mehr Zähne im Mund als du und deine Großmutter zusammen, sagte er. Sogar die Großen zerren sie in ihre Höhlen.
– Was machen sie mit den Großen? fragte das Kind und sah schaudernd in die schwarze feuchte Schlucht, die kalte, sonnenlose.
Der Mann antwortete nicht, mit dichter gesammelter Aufmerksamkeit starrte er in den düsteren Eingang unter ihm, leise vibrierend in den geschmeidigen Muskeln. Das Kind

roch die fischige Gier, die aus der Höhle drang und die das synkopische Schwappen des Wassers zwischen den Felswänden grünlich färbte; roch das Salz und die Sonne, die seine Lungen mit einem Übermaß an Luft und Helligkeit füllten; roch die kalte fettige Haut der Seelöwen, ihren glitschigen Trandunst.

– Da, da, siehst du sie? rief der Mann mit einer leisen harten Stimme, die schwankte vor mordlüsterner Erregung.

Das Kind beugte sich vor, kalt griff der nasse Stein um seine Brust: es sah sie, schwarz und glatt und biegsam unter dem durchsichtigen Wasser.

– Wie große Aale, sagte es im gedämpften Ton des Mannes. Es ist kalt.

Es fühlte sich nicht glücklich in dem rohen, blutrünstigen Dunstkreis der Muränen.

– Geh hinauf, sagte der Mann, wart oben, bis ich sie habe.

Das Kind warf, bevor es eine Klippe erkletterte, von der aus es den Mann nicht mehr sehn konnte, noch einen Blick auf den rotbraunen gespannten Rücken, der hart, aus der Entfernung unbewegt, pfeilkurvig gebeugt lauerte, auf die runde blaue Mütze. Oben war Sonne an einem blauen Himmel, gemildertes Lärmen, in dem die Brandung, das Kreischen der Möwen und das klanglose Gebell der Seelöwen nicht mehr polyphon und verwirrend, sondern wie ein farbiges, grelldumpfes Unisono an seine Ohren drangen. Der Stein war heiß, selten berührte ihn eine der brüllenden, schaumsprühenden Wellen.

– Hejj! rief das Kind in die Tiefe; wollte sehn, wie seine Stimme sich gegen das Toben wehrte.

Aber seinen Ruf packte eine hochpeitschende Welle, zerschlug ihn beim Wurf in die Schlucht.

Das Kind wählte einen Stein; saß reglos, in stumpfer Andacht auf seinem Posten, starrend. Beobachtete den steifen Ernst der unbewegten Pinguine, die stumm, pedantisch und prüde, gleich gehauenen Standbildern, zwischen dem sprudelnden Tosen aushielten. Sah den zierlichen Guanovögeln zu, sah sie in Schwärmen beieinander in den Nischen hocken, die gelben Halbmonde auf den Wangen; sah sie jäh und übergangslos aufflattern und sich, die roten scharfen Schnäbel dolchartig gesenkt, auf die schwappenden und schäumenden Kämme stürzen. Feindseliges Geschrei von Pelikanen; deren boshaftes, gefräßiges Gelächter schreckte es auf. Es hob den Kopf, blickte aus den zusammengepetzten Augen in den blendenden Himmel: akkurat zogen sie da ihre Kreise, dunkel und schwer vor der flimmernden Luft, bedrohlich sanken die unerbittlichen Spiralen, tiefer, tiefer, tödlicher; stießen dann, hungrige mörderische Blitze, unvermittelt herab und packten die Beute; hoben sie; verschlangen sie aufsteigend, spiralig, schwingend. Das Kind hörte das schwere staubige Schlagen der Flügel, das Flattern der Federn.

– Hejj! rief es hinunter in die Schlucht. Bist du fertig, hejj! Seine Stimme zitterte klein, menschlich, durch den heulenden Hohn; durchdrang ihn nicht; starb im Möwengelächter.

– Hejj! rief es wieder.

Ein Windstoß nahm ihm den Atem weg und drückte ihn, zurückkehrend, in den offenen Mund, so daß es sich verschluckte, Wind und Atem keuchend aus den bebenden Rippen hustete. Es stand auf; es hatte keine Tränen in den angstgeweiteten Augen.

Unten in der Gruft war es kalt, naß, salzig. Der rotbraune Rücken war nicht mehr da, nicht mehr seine biegsame Konzentration. Vor der schwarzen Höhle trieb die blaue Mütze feucht und filzig. Das Kind sah in der steinernen Nische das geflickte Netz mit den sterbenden Muränen liegen; sah die häßlichen Rachen mit den dornigen Zähnen; roch die salzige nasse Gier; roch das fettige Phlegma der Seelöwen draußen auf den Klippen, auf denen die Sonnenflecken schillernd tanzten. In der Gruft, unter dem grünlichen Geschwappe, sah es das aalglatte Geschlängel, das knochenlose, der Muränen. Sah und roch und hörte sein Ausgeschlossensein. Seine kalte Hand griff ins Geröll, packte zwischen zwei Fingern einen runden Stein und schleuderte ihn auf die träg bewegte Mütze; nahm mehr Steine und warf sie alle, wütend, zitternd, auf das Stück gedunsenen blauen Stoffs.

– Hejj! rief es.

38. Gabriele Wohmann: Die Klavierstunde

Das hatte jetzt alles keine Beziehung zu ihm: die flackernden Sonnenkleckse auf dem Kiesweg, das Zittern des Birkenlaubs; die schläfrige Hitze zwischen den Hauswänden im breiten Schacht der Straße. Er ging da hindurch (es war höchstens eine feindselige Beziehung) mit hartnäckigen kleinen Schritten. Ab und zu blieb er stehen und fand in sich die fürchterliche Möglichkeit, umzukehren, nicht hinzugehen. Sein Mund trocken vor Angst: er könnte wirklich so etwas tun. Er war allein; niemand, der ihn bewachte. Er könnte es tun. Gleichgültig, was daraus entstünde. Er hielt still, sah finster geradeaus und saugte Spucke tief aus der Kehle. Er brauchte nicht hinzugehen, er könnte sich widersetzen. Die eine Stunde möglicher Freiheit wog schwerer als die mögliche Unfreiheit eines ganzen Nachmittags. Erstrebenswert: der ungleiche Tauschhandel; das einzig Erstrebenswerte jetzt in dieser Minute. Er tat so, als bemerke er nichts davon, daß er weiterging, stellte sich überrascht, ungläubig. Die Beine trugen ihn fort, und er leugnete vor sich selbst den Befehl ab, der das bewirkte und den er gegeben hatte.

Gähnend, seufzend, streckte sie die knochigen Arme, ballte die sehr dünnen Hände zu Fäusten; sie lag auf der Chaiselongue. Dann griff die rechte Hand tastend an die Wand, fand den Bilderrahmen, in dem der Stundenplan steckte; holte ihn, hielt ihn vor die tränenden Augen. Owehowehoweh. Die Hand bewahrte den saubergeschriebenen Plan wieder zwischen Bild und Rahmen auf; müde, renitent hob sich der Oberkörper von den warmen Kissenmulden. Owehowehoweh. Sie stand auf; empfand leichten Schwindel, hämmernde Leere hinter der faltigen Stirnwand; setzte sich wieder, den nassen Blick starr, freudlos auf das schwarze Klavier gerichtet. Auf einem imaginären Bildschirm hinter den Augen sah sie den Deckel hochklappen, Notenhefte sich voreinanderschieben auf dem Ständer; verschwitzte Knabenfinger drückten fest und gefühllos auf die gelblichen Tasten, die abgegriffenen; erzeugten keinen Ton. Eins zwei drei vier, eins zwei drei vier. Der glitzernde Zeiger des Metronoms pendelte beharrlich und stumm von einer auf die andere Seite seines düsteren Gehäuses. Sie stand auf, löschte das ungerufene Bild. Mit der Handfläche stemmte sie das Gewicht ihres Arms gegen die Stirn und schob die lappige lose Haut in die Höhe bis zum Haaransatz. Owehoweh. Sie entzifferte die verworrene Schrift auf dem Reklameband, das sich durchs Halbdunkel ihres Bewußtseins schob: Kopfschmerzen. Unerträgliche. Ihn wegschicken. Etwas Lebendigkeit kehrte in sie zurück. Im Schlafzimmer fuhr sie mit dem kalten Waschlappen über ihr Gesicht.

Brauchte nicht hinzugehn. Einfach wegbleiben. Die Umgebung wurde vertraut: ein Platz für Aktivität. Er blieb stehen, stellte die schwere Mappe mit den Noten zwischen die Beine, die Schuhe klemmten sie fest. Ein Kind rollerte vorbei; die kleinen Räder quietschten; die abstoßende Ledersohle kratzte den Kies. Nicht hingehen, die Mappe loswerden und nicht hingehen. Er wußte, daß er nur die Mappe loszuwerden brauchte. Das glatte warme Holz einer Rollerlenkstange in den Händen haben. Die Mappe ins Gebüsch schleudern und einen Stein in die Hand nehmen oder einen Zweig abreißen und ihn tragen, ein Baumblatt mit den Fingern zerpflücken und den Geruch von Seife wegbekommen.

Sie deckte den einmal gefalteten Waschlappen auf die Stirn und legte den Kopf, auf dem Bettrand saß sie, weit zurück, bog den Hals. Noch mal von vorne. Und eins und zwei und eins. Die schwarze Taste, b, mein Junge. Das hellbeschriftete Reklameband erleuchtete die dämmrigen Bewußtseinskammern: Kopfschmerzen. Ihn wegschicken. Sie saß ganz still, das nasse Tuch beschwichtigte die Stirn; sie las den hoffnungweckenden Slogan.

Feucht und hart der Lederhenkel in seiner Hand. Schwer zerrte das Gewicht der Hefte: jede einzelne Note hemmte seine kurzen Vorwärtsbewegungen. Fremde Wirklichkeit der Sonne, die aus den Wolkenflocken zuckte, durch die Laubdächer flackerte, abstrakte Muster auf den Kies warf, zitterndes Gesprenkel. Ein Kind; eine Frau, die bunte Päckchen im tiefhängenden Netz trug; ein Mann auf dem Fahrrad. Er lebte nicht mit ihnen.

Der Lappen hatte sich an der Glut ihrer Stirn erwärmt: und nicht mehr tropfig hörte er auf, wohl zu tun. Sie stellte sich vor den Spiegel, ordnete die grauen Haarfetzen. Im Ohr hämmerte der jetzt auch akustisch wirkende Slogan.

Die Mappe loswerden. Einfach nicht hingehen. Seine Beine trugen ihn langsam, mechanisch in die Nähe der efeubekleckstęn Villa.

Kopfschmerzen, unerträgliche. Sie klappte den schwarzen Deckel hoch; rückte ein verblichenes Foto auf dem Klaviersims zurecht; kratzte mit dem Zeigefingernagel ein trübes Klümpchen unter dem Daumennagel hervor.

Hinter dem verschnörkelten Eisengitter gediehen unfarbige leblose Blumen auf winzigen Rondellen, akkuraten Rabatten. Er begriff, daß er sie nie wie wirkliche Pflanzen sehen würde.

Auf den dunklen steifen Stuhl mit dem Lederpolster legte sie das grüne, schwachgemusterte Kissen, das harte, platte. Sah auf dem imaginären Bildschirm die länglichen Dellen, die seine nackten Beine zurückließen.

Einfach nicht hingehen. Das Eisentor öffnete sich mit jammerndem Kreischlaut in den Angeln.

Kopfschmerzen, unerträgliche. Wegschicken. Widerlicher kleiner Kerl.

Die Mappe loswerden, nicht hingehen. Widerliche alte Tante.

Sie strich mit den Fingern über die Stirn. Die Klingel zerriß die Leuchtschrift, übertönte die Lockworte.

»Guten Tag«, sagte er. »Guten Tag«, sagte sie. Seine (von wem nur gelenkten?) Beine tappten über den dunklen Gang; seine Hand fand den messingnen Türgriff. Sie folgte ihm und sah die nackten braunen Beine platt und breit werden auf dem grünen Kissen; sah die geschrubbten Hände Hefte aus der Mappe holen, sie auf dem Ständer übereinanderschieben. Schrecken in den Augen, Angst vibrierte im Hals. Sie öffnete das Aufgabenbuch, las: erinnerte mit dem (von wem nur gelöschten?) Bewußtsein. Eins zwei drei vier. Töne erzeugten seine steifen Finger; das Metronom tickte laut und humorlos.

39. Wolf Wondratschek: Papier

Jetzt gibt es sogar Blumen aus Papier, sagt Herr Wölfel enttäuscht. Englisch kann man sprechen, ohne englisch gelernt zu haben. Das ist so üblich. Gestern war August. Bald wird es nur noch Papierblumen geben.
Herr Wölfel verkauft Schreibwaren, er verkauft Ansichtskarten und Papierkörbe, er leiht Bücher aus.
Herr Wölfel spricht fast täglich mit dem Bäcker von nebenan. Den Duden braucht jeder. Über dem Eingang zur Bäckerei steht noch das Wort »Konditorei«. Beide erinnern

sich gern. Sie interessieren sich für die Todesanzeigen und die Beerdigungen. Sie trinken ein Glas Bier.
Sie sagen dem Mädchen mit der Schürze, daß sie gern ein Glas Bier trinken. Dann trinken sie noch ein Glas Bier.
So hat jeder seine Sorgen, sagt er. Manchmal sagt er, jetzt verkaufe ich schon seit dreißig Jahren Papier an die Leute.
Es gibt Tage, da hat Herr Wölfel Zeit, sich eine Pfeife anzustecken.
Schöne Mädchen kaufen kein Papier. Alles braucht seine Zeit, sagt man. Morgens sieht Herr Wölfel wie ein Junggeselle aus. Nach Feierabend ist Herr Wölfel einer der vielen Männer, die nach Feierabend mit einer Aktentasche auf die nächste Straßenbahn warten.
Herr Wölfel schaut seinen Kunden ins Gesicht. Er wiederholt die Sätze der Kunden. Den Stammkunden erzählt er die Sache mit den Augentropfen.
In der Innenstadt findet sich Herr Wölfel nicht mehr zurecht. Er weiß nicht mehr, wie es dort aussieht. Er sagt nur, dort wird überall gebaut, dort gibt es bald keine Fußgänger mehr.
Vor den Feiertagen verkauft Herr Wölfel Glückwunschkarten. Er legt sie ganz vorne an den Ladentisch. Er verkauft Wasserfarben und Bleistifte. Manchmal verkauft er Papier.
Anfang Dezember legt er regelmäßig die Kalender ins Schaufenster. Aber es ärgert ihn, daß auch an Weihnachten Papierblumen gekauft werden.

40. Wolf Wondratschek: Hausaufgaben

Ein Mann erschlägt einen anderen Mann mit dem Beil. Auf der Anklagebank gibt er zu Protokoll, er sei gelernter Metzger und habe ein Schwein getötet. Das Meisterzeugnis der Metzgerinnung liegt dem Gericht in dreifacher Ausfertigung vor.

Eine Frau verkauft auf der Straße einen Hundertmarkschein für fünfundneunzig Mark. Der Geldschein ist echt. Die Passanten machen einen Bogen um die Frau. 15 Minuten später muß sie im Präsidium sehr schwierige Fragen beantworten.

Beim Mittagessen denkt niemand an einen Schlag über den Kopf. Während eines Spazierganges rechnet keiner mit Hilferufen. Ein Bügeleisen schafft Ordnung. In der Zeitung finden sie, was sie suchen. Haben sie gefunden, was sie suchten, finden sie es unerhört. Sexualverbrechen finden sie am liebsten unerhört.

III. Vorschläge zur Textarbeit im Unterricht

A. Zur Problematik der Gattungspoetik von Kürzestgeschichten

Gattungsetikette sind Wegweiser, die auf Schwerpunkte, auf hervorstechende Merkmale eines Textes hinweisen und Lesererwartungen aufbauen und strukturieren. Die Individualität eines Textes, die sich zugleich in seiner besonderen Form niederschlägt, wird nie mit den allgemeinen Definitionen völlig deckungsgleich werden. Es gibt nur immer Annäherungen des Besonderen an verschieden Allgemeines. Diese Annäherungen hervorzuheben, bei ihrer Akzentuierung die verschiedenen Möglichkeiten des Zugangs zu einem Text und die damit verbundenen Erwartungen zu bestimmen, mag als Aufgabe dem Schüler dazu verhelfen, Einblick in das wechselseitige Bedingungsverhältnis von Form und Inhalt, von Aussageabsicht und der vom Autor hervorgerufenen Lesererwartung zu gewinnen. Daher wird im folgenden der Versuch gewagt, die Nähe der ausgewählten Texte zu den verschiedenen vorgeprägten Gattungseingrenzungen aufzuzeigen, wobei nicht eine Gattungsdefinition gegeben, sondern vielmehr ihre »Tonart« (Staiger), ihre Sprechweise angedeutet werden soll.

1. Kurzgeschichtliches

Merkmale: Beginn ohne Einleitung, offener Schluß, äußerst gestraffte lineare Handlung, Augenblicksfixierungen, Symbolwert von Einzelgegenständen, Mehrdeutigkeit des Geschehens, Alltagssituationen und -sprache, Hervortreten des Erzählers, manchmal Übersteigerung der Realität.
Texte: 5, 6, *15*, 18, *19*, 25, 30, 32, 33, 37.

2. Feuilletonistisches

Walter Höllerer hat in seinem grundlegenden Aufsatz »Die kurze Form der Prosa« (In: Akzente 9, 1962, Heft 3, S. 226–245) deutlich gemacht, daß es in der Gegenwartsliteratur neben der Kurzgeschichte moderne Kurzprosaformen von erheblicher Bedeutung gibt. Er nennt beispielhaft die Feuilletongeschichte und die lyrische Prosa. Auf Beispiele, die die Nähe zur lyrischen Prosa zeigen, ist hier verzichtet worden, da sie bei den meisten Autoren (vor allem G. B. Fuchs) unter Formen der Lyrik geführt werden.
Merkmale: Allgemeinverständlichkeit, gefälliger Plauderton, mehr oder weniger Handlung, allgemeine Betrachtungen über das Gesellschaftsleben, Reisen, Kunst und Wissenschaft.
Texte: 4, 5, *8*, 29.

3. Skizzen und Augenblicksminiaturen

Merkmale: kaum Handlung, keine Geschichte, Stimmungen, Reflexionen »ohne zugespitzten Wirkungseffekt« (Höllerer), Momentaufnahmen und Zustandsimpressionen.
Texte: 1, 2, 4, *8*, *9*, *15*, *20*, *21*, 22, *27*, *28*, *34*, *38*, *39*, 40.

4. Anekdotisches

Merkmale: örtliche und zeitliche Festlegung, abschließende Pointe, Charakterisierung einer Persönlichkeit, einer Epoche, Gesellschaftsschicht oder einer geistigen Strömung, endet zuweilen im Wortwitz.
Texte: 5, 11, 13, 23, *27*, *28*.

5. Witziges

Merkmale: zunächst Verschlüsselung eines Zusammenhangs, dann Aufdeckung durch eine Pointe, durch den Zusammenstoß verschiedener Normbereiche blitzartige Erhellung von bisher verborgenen Zusammenhängen.
Texte: *16*, 33, 40.

6. Satirisches

Merkmale: Die Satire greift auf indirekte Art nach dem Maßstab und der Norm eines Ideals Mißstände an und gibt sie der Lächerlichkeit preis.
Texte: 1, 4, 17, 22, 33, 34, *39*, 40.

7. Fabelartiges

Merkmale: Tendenz zur Polarisierung, antithetischer Aufbau, Tendenz zum pointenhaften Abschluß, zur Wirklichkeitsüberschreitung, zur Mitteilung einer Lehre am Beispiel von Tierfiguren.
Texte: 7, 16, 34, 35.

8. Parabelhaftes

Merkmale: Lehrdichtung, bildhaftes Erzählen (Vergleich) als Verdeutlichung eines Gedankens, im Sonderfall ein Allgemeingültiges, spricht im Präteritum, besitzt einen überraschenden Zug, verweist auf eine verborgene Lehre, einen verhüllten Imperativ.
Texte: 7, 19, 27, 31, 34.

9. Surreales und Groteskes

Merkmale: Übersteigerung der Wirklichkeit, Versuch der Überwindung des Einfach-Realen, Logisch-Rationalen durch Gestaltung von Visionen, Halluzinationen, paradoxen Zusammenstellungen. Im Grotesken eine Verbindung von Unvereinbarem und Gegensätzlichem, Aufhebung und Verzerrung der gewohnten Dimensionen, Verfremdung der Welt.
Texte: 3, *7*, *10*, 11, *12*, 17, *19*, *21*, *24*, 26, 32, *35*, *36*, 40.

Die Tatsache, daß viele Texte in manchen Rubriken zugleich erscheinen, ist ein Hinweis dafür, wie in der Gegenwartsliteratur die Gattungsgrenzen mehr und mehr gesprengt werden. Aus allen Gattungen werden Stilmittel verwendet, um die beabsichtigte Autorenaussage wirkungsvoller zu gestalten. Gattungspoetisches wird rigoros dem Aussagewillen untergeordnet bzw. beim Textemachen nicht mehr berücksichtigt.

B. Zur Zusammenfassung der Texte in Themenbereiche

1. Vom Hineinwachsen ins Leben
   1. Schwierigkeiten der Selbsterfahrung
      Texte: 2, 13, *15*, 18, 32, 35.
   2. Das Verhältnis von Jugend und Alter
      Texte: 1, 2, 6, *8*, *9*, 11, *12*, *15*, 32, 33, 37, *38*.

2. Individuum und Gesellschaft
   1. Monotonie des Alltags
      Texte: 4, 5, 29, *39*.
   2. Vereinsamung und mitmenschliches Unverständnis
      Texte: 5, 6, *8*, *21*, *27*, 29, 30, 32, *35*, *39*.
   3. Grenzsituationen: Angst und Tod
      Texte: 3, *19*, 25, 26, *27*, *28*, 30, *31*, 37.

3. Erinnerung und Geschichte
   1. Wirklichkeiten der Sprache
      Texte: 1, *9*, *16*, 22, *27*, *28*, 39.
   2. Erinnerte Vergangenheit
      Texte: 14, 23, *28*.
   3. Gewalt und Macht
      Texte: 3, 7, *19*, 23, *28*.

4. Das Universum literarischer Fiktion
   1. Tagträume und Wunschdenken
      Texte: 2, 7, *10*, *12*, 17, *19*, *35*, *38*.
   2. Überdrehte Situationen
      Texte: 3, 7, *10*, 11, *16*, 17, *19*, *20*, *21*, *24*, 26, *31*, 32, *34*, *35*, *36*, 40.

IV. Autoren- und Quellenverzeichnis

Jürgen Becker

Geb. 10. 7. 1932 in Köln. Abitur, ein Jahr Germanistikstudium, Arbeit in verschiedenen Berufen, seit 1959 freischaffender Schriftsteller, 1965/66 Stipendiat der Villa Massimo in Rom. – Experimentelle Prosa, Hörspiele, Fotoserien. 1967 Preis der Gruppe 47. – *Früher war das alles ganz anders.* Aus: J. B., Ränder. Frankfurt a. M.: Suhrkamp 1969. (es 351.) S. 19.

Thomas Bernhard

Geb. 10. 2. 1931 in Kloster Heerlen bei Maastricht. Kaufmänn. Lehre, Studium der Musik und Darstellenden Kunst in Wien, Reporter, Bibliothekar, lebt seit 1965 in Ohlsdorf (Oberösterreich). – Lyriker, Erzähler, Romancier, Dramatiker. 1965 Bremer Literaturpreis, 1970 Georg-Büchner-Preis. – *Der junge Mann.* – *Der Diktator.* Aus: Th. B., Ereignisse. Berlin: Literarisches Colloquium 1969. (Literarisches Colloquium LCB-Editionen 12.) S. 24, 35.

Peter Bichsel

Geb. 24. 3. 1935 in Luzern. Lehrerstudium in Solothurn, 1955–68 Volksschullehrer in Zuchwil (Solothurn), ab 1968 freischaffender Schriftsteller und Publizist in Bellach. – Erzähler und Verfasser von Kurzprosa. 1965 Förderungspreis des Lessingpreises der Stadt Hamburg, Preis der Gruppe 47, 1966 Förderungspreis der Stadt Olten, 1970 Prämie des westdt. Jugendbuchpreises. 1981 Stadtschreiber von Bergen. – *Die Beamten.* – *Das Kartenspiel.* Aus: P. B., Eigentlich möchte Frau Blum den Milchmann kennenlernen. Olten u. Freiburg i. Br.: Walter 1964. S. 30, 37 f.

Horst Bingel

Geb. 6. 10. 1933 in Korbach (Hessen). Buchhändler, Studium der Malerei und Bildhauerei, Redakteur, Herausgeber von Zeitschriften und Anthologien, Mitglied des PEN-Zentrums der Bundesrepublik Deutschland, lebt in Frankfurt a. M. – Lyriker, Erzähler und Kritiker. – *Allez, Pinelli.* – *Die Mäusearmee.* Aus: H. B., Herr Sylvester wohnt unter dem Dach. Erzählungen. München: Deutscher Taschenbuch Verlag 1967. (dtv. 445.) S. 47 f., 104 f.

Johannes Bobrowski

Geb. 9. 4. 1917 in Tilsit, gest. 2. 9. 1965 in Berlin. Gymnasium, 1937 Kunstgeschichtsstudium, Arbeitsdienst, Soldat, 1945–49 russ. Gefangenschaft, Verlagslektor in Berlin, 1964 Mitglied des PEN-Clubs. – Lyriker, Erzähler, Nachdichter, Essayist und Herausgeber. 1962 Alma-Johanna-Koenig-Preis und Preis der Gruppe 47, 1965 Heinrich-Mann-Preis der Deutschen Akademie der Künste (Ost-Berlin) und Charles-Veillon-Preis (Zürich), 1967 posthum F. C.-Weiskopf-Preis. – *Brief aus Amerika.* Aus: J. B., Boehlendorff und Mäusefest. Berlin [Ost]: Union Verlag ^{2}1966. S. 70. – *Interieur.* Aus: J. B., Mäusefest und andere Erzählungen. Berlin [Ost]: Union Verlag 1965. S. 61 f.

Heimito von Doderer

Geb. 5. 6. 1896 in Weidlingen bei Wien, gest. 23. 12. 1966 in Wien. Jugend in Wien, Dragoneroffizier im 1. Weltkrieg, 1916–20 russ. Gefangenschaft in Sibirien, danach Geschichtsstudium (1925 Dr. phil.), Leben als Schriftsteller, 1940 Soldat, 1946 Rückkehr nach Wien. – Romancier, Novellist, Lyriker, Kürzestgeschichtenautor. 1958 Großer Staatspreis der Republik Österreich für Dichtkunst, 1954 Literaturpreis für Epik vom Bundesverband der westdt. Industrie, 1962 Preis der Stadt Wien für Dichtkunst, 1964 Literaturpreis der Bayer. Akademie der Schönen Künste, 1966 Wilhelm-Raabe-Preis. – *Die Einschüchterung.* – *Ehrfurcht vor dem Alter.* Aus: H. v. D., Die Erzählungen. Hrsg. von Wendelin Schmidt-Dengler. München: Biederstein 1972. S. 311 f., 310.

Günter Eich

Geb. 1. 2. 1907 in Lebus (Oder), gest. 20. 12. 1972 in Salzburg. Studium der Sinologie und Volkswirtschaft in Leipzig, Berlin und Paris. Ab 1932 freischaffender Schriftsteller in Dresden und Berlin, 1939–45 Soldat, 1946 amerikan. Gefangenschaft, 1953 Heirat mit Ilse Aichinger, Mitglied der Gruppe 47. – Lyriker, Erzähler, Hörspiel- und Fernsehspielautor. 1950 Preis der Gruppe 47, 1952 Hörspielpreis der Kriegsblinden, 1958 Georg-Büchner-Preis, 1968 Schiller-Gedächtnis-Preis. – *Peter Posthorn.* Aus: G. E., Ein Tibeter in meinem Büro. 49 Maulwürfe. Frankfurt a. M.: Suhrkamp 1970. S. 28.

Gisela Elsner

Geb. 2. 5. 1937 in Nürnberg. Studium der Germanistik und Theaterwissenschaft in Wien, lebte viele Jahre in London, ab 1970 in Paris. Seit 1971 Mitglied des PEN-Zentrums der Bundesrepublik Deutschland. – Erzählerin und Hörspielautorin. 1964 Julius-Campe-Stipendium und Prix Formentor. – *Der Dumme.* Aus: G. E., Kürzestgeschichten um Triboll. In: Akzente 2 (1955) Heft 6, S. 518 f.

Max Frisch

Geb. 15. 5. 1911 in Zürich. 1931–33 Beginn eines Germanistikstudiums in Zürich, dann Journalist, 1936 Studium der Architektur, zunächst Architekt und Schriftsteller, schließlich freischaffender Schriftsteller in der Nähe von Zürich. Dr. h. c. der Universität Marburg. – Dramatiker, Erzähler und Romanschriftsteller. 1938 Conrad-Ferdinand-Meyer-Preis, 1954 Wilhelm-Raabe-Preis, 1958 Charles-Veillon-Preis (Zürich), 1962 Georg-Büchner-Preis und Großer Kunstpreis von Nordrhein-Westfalen, 1965 Schiller-Gedächtnispreis des Landes Baden-Württemberg. – *Szene in Berlin, Sommer 1945.* Aus: M. F., Tagebuch. In: M. F., Gesammelte Werke 1944–1949. Bd. II, 2. Frankfurt a. M.: Suhrkamp 1976 S. 397 f.

Walter Helmut Fritz

Geb. 26. 8. 1929 in Karlsruhe. Studium der Germanistik und neueren Sprachen. Zunächst Gymnasiallehrer, dann freischaffender Schriftsteller, lebt in Karlsruhe. Mitglied der Mainzer Akademie der Wissenschaften und der Literatur. – Lyriker, Nachdichter, Erzähler, Kritiker. 1962 Preis der Bayerischen Akademie der Schönen Künste, 1966 Heine-Taler für Lyrik. – *Augenblicke (VI).* Aus: W. H. F., Umwege. Prosa. Stuttgart: Deutsche Verlags-Anstalt 1964. S. 47–49.

Günter Bruno Fuchs

Geb. 3. 7. 1928 in Berlin, gest. 20. 4. 1977 in Berlin. Nach kurzem Fronteinsatz und belg. Gefangenschaft mehrere Berufe. Studium an der Hochschule für Bildende Kunst und Meisterschule für Graphik in Berlin, ab 1952 freischaffender Schriftsteller und Graphiker, Mitherausgeber literarischer Zeitschriften, 1963 Leiter der »Rixdorfer Drucke«, seit 1971 Mitglied des PEN-Zentrums der Bundesrepublik Deutschland. – Lyriker, Erzähler und bildender Künstler. 1957 Kunstpreis der Jugend von der Kunsthalle Baden-Baden. – *Geschichte aus der Großstadt.* Aus: Das Lesebuch des Günter Bruno Fuchs. München: Hanser 1970. S. 311. – *Vor Redaktionsschluß.* Aus: G. B. F., Handbuch für Einwohner. München: Hanser 1970. (Reihe Hanser 35.) S. 102 f.

Gerd Gaiser

Geb. 15. 9. 1908 in Oberriexingen (Württ.). Zunächst ev.-theolog. Seminarist, dann Studium der Malerei in Stuttgart, Königsberg und Dresden, Studium der Kunstgeschichte in Tübingen (1934 Dr. phil.), Soldat, Gefangenschaft in Italien, Maler, Lehrer, zuletzt seit 1962 Professor für Kunsterziehung an der PH Reutlingen. – Romanautor, Erzähler, Essayist. 1950 Westberliner Fontane-Preis, 1955 Preis der Bayer. Akademie der Schönen Künste, 1959 Immermann-Preis, 1960 Wilhelm-Raabe-Preis. – *Ein Wespennest.* Aus: Akzente 7 (1960) Heft 2, S. 103–105.

Herbert Heckmann

Geb. 25. 9. 1930 in Frankfurt a. M. Studium der Germanistik und Philosophie in Frankfurt a. M. (1957 Dr. phil.), ab 1958 Wiss. Assistent in Münster und Heidelberg, 1958 Stipendium der Villa Massimo in Rom, seit 1963 Mitherausgeber der »Deutschen Rundschau«, lebt nun in Grafenbruch bei Frankfurt a. M. als freischaffender Schriftsteller. – Erzähler, Lyriker, Essayist. 1959 Förderungspreis des Kulturkreises im Bundesverband der westdt. Industrie, 1963 Literaturpreis der Freien Hansestadt Bremen. – *Das Henkersmahl.* Aus: H. H., Schwarze Geschichten. Frankfurt a. M.: S. Fischer 1964. S. 111 f.

Helmut Heißenbüttel

Geb. 21. 6. 1921 in Rüstringen bei Wilhelmshaven. Schulbesuch bis 1940, dann Soldat, studierte 1942–45 in Leipzig und Dresden Architektur, Germanistik und Kunstgeschichte. Nach dem Krieg Werbeleiter und Lektor in Hamburg, ab 1959 beim Süddt. Rundfunk in Stuttgart, Mitherausgeber der Walter-Drucke seit 1964, Mitglied der Gruppe 47 und seit 1967 der Westberliner Akademie der Künste, 1960–62 Mitglied des PEN-Zentrums der Bundesrepublik Deutschland. – Lyriker, Essayist, Verfasser von Kurzprosa und Kritiker. 1960 Hugo-Jacobi-Preis, 1962 Förderungspreis des Großen Kunstpreises des Landes Niedersachsen, 1969 Georg-Büchner-Preis, 1971 Hörspielpreis der Kriegsblinden. – *Der Wassermaler.* – *Ein Zimmer in meiner Wohnung.* Aus: H. H., Textbuch 2. Olten u. Freiburg i. Br.: Walter 1961, S. 13 f., 7 f. – *Rollenverteilung.* Aus: H. H., Textbuch 5. Olten u. Freiburg i. Br.: Walter 1965. S. 15 f.

Walter Jens

Geb. 8. 3. 1923 in Hamburg. Jugend in Hamburg, 1941–44 Studium der klass. Philologie und Germanistik in Hamburg und Freiburg i. Br., 1949 Dozent in Tübingen, ab 1956 Prof., ab 1963 Lehrstuhlinhaber für klass. Philologie und Rhetorik, Mitglied der Gruppe 47. – Literaturkritiker, Fernsehkritiker, Essayist, Erzähler, Übersetzer, Hörspiel- und Fernsehspielautor. 1968 Hamburger Lessing-Preis. – *Bericht über Hattington.* Aus: W. J., Herr Meister. Dialog über einen Roman. München: Piper 1963. S. 32–38.

Hermann Kasack

Geb. 24. 7. 1896 in Potsdam, gest. 10. 1. 1966 in Stuttgart. 1915 Studium der Germanistik und Nationalökonomie in Berlin und München, 1920–25 Lektor in verschiedenen Verlagen, ab 1928 freischaffender Schriftsteller und bis 1933 Mitarbeiter des Rundfunks. 1933 Verbot der Vortragstätigkeit durch die Nationalsozialisten, von 1941–49 Lektor in Berlin, 1948 Mitbegründer des dt. PEN-Zentrums, ab 1949 in Stuttgart. Mitglied und 1953–63 Präsident der Deutschen Akademie für Sprache und Dichtung in Darmstadt. – Erzähler, Lyriker, Dramatiker, Hörspielautor, Essayist u. Herausgeber. 1949 Westberliner Fontane-Preis, 1956 Verleihung des Prof.-Titels und der Goethe-Plakette der Stadt Frankfurt a. M., 1960 Leo-Tolstoi-Gedenkmedaille des Maxim-Gorki-Instituts für Weltliteratur in Moskau. – *Das unbekannte Ziel.* Aus: H. K., Das unbekannte Ziel. Frankfurt a. M.: Suhrkamp 1963. (es 35.) S. 63–66.

Günter Kunert

Geb. 6. 3. 1929 in Berlin. Nach 1945 Kunststudium in Berlin-Weißensee, ab 1947 Beginn der schriftstellerischen Laufbahn, Förderung durch J. R. Becher, Mitarbeiter Brechts, freischaffender Schriftsteller in Ost-Berlin bis 1979, dann Übersiedlung in die Bundesrepublik. – Lyriker, Funk- und Filmautor, Librettist, Autor von Feuilletons, poetischer und satirischer Kurzprosa. 1962 Heinrich-Mann-Preis. – *Mann über Bord. – Ballade vom Ofensetzer. – Memory. – Seit dem 42. Jahr des Jahrhunderts.* Aus: G. K., Tagträume in Berlin und andernorts. München: Hanser 1972. S. 11, 51 f., 24, 19.

Reinhard Lettau

Geb. 10. 9. 1929 in Erfurt. Studium der Germanistik und vergleichenden Literaturwissenschaft (1960 Dr. phil.) in Heidelberg und an der Harvard-Universität, Dozent für dt. Literatur in Hamburg und Northampton (Mass.), La Jolla und San Diego (Kalifornien), lebt in den USA und in West-Berlin, Mitglied des PEN-Zentrums der Bundesrepublik Deutschland. – Erzähler, auch Lyriker. – *Auftritt.* Aus: R. L., Auftritt Manigs. München: Hanser 1963 (prosa viva 1.) S. 177f.

Kurt Marti

Geb. 31. 1. 1921 in Bern. Studium der Jurisprudenz, dann der Theologie in Bern und Basel. Lebt als Pfarrer in Bern. – Erzähler, Essayist und Lyriker. – *Neapel sehen.* Aus: K. M., Dorfgeschichten. Zürich: Flamberg 1960. S. 60–62.

Christoph Meckel

Geb. 12. 6. 1935 in Berlin. Studium der Malerei und Graphik in München und Freiburg i. Br., lebt als freischaffender Schriftsteller und Graphiker in West-Berlin und Südfrankreich. – Lyriker, Prosaautor. 1962/63 Stipendium des Bundesverbandes der dt. Industrie in Rom, 1959 Immermann-Preis, 1961 Förderpreis zum Julius-Campe-Preis des Hoffmann & Campe Verlages, 1962 Förderpreis des Niedersächsischen Kunstpreises, 1966 Preis »Junge Generation« des Berliner Kunstpreises für Literatur. 1981 Bremer Literaturpreis der Rudolf-Alexander-Schröder-Stiftung. – *Weltende.* Aus: Ch. M., Im Land der Umbramauten. Frankfurt a. M.: Fischer Taschenbuch Verlag 1967. (Fischer Taschenbuch 786.) S. 49f.

Helga M. Novak

Geb. 8. 9. 1935 in Berlin. Studium der Philosophie und Journalistik. Von 1961–67 in Island. Lebt in Frankfurt a. M., 1979 Stadtschreiberin von Bergen-Enkheim. – Erzählerin. *Schlittenfahren.* – *Eis.* Aus: H. M. N., Geselliges

Beisammensein. Prosa. Neuwied u. Berlin: Luchterhand 1968. S. 128 f., 130–132.

Christa Reinig

Geb. 6. 8. 1926 in Berlin. Ab 1953 Studium der Kunstgeschichte an der Humboldt-Universität in Berlin, ab 1957 wiss. Assistentin am Märkischen Museum, 1964 Übersiedlung nach München, wo sie nun als Schriftstellerin lebt. – Lyrikerin, Essayistin, Hörspielautorin, Erzählerin. 1964 Bremer Literatur-Preis, 1965/66 Stipendium der Villa Massimo in Rom, 1967 Hörspielpreis der Kriegsblinden, 1969 Tukan-Preis der Stadt München. – *Fische.* Aus: Ch. R., Orion trat aus dem Haus. Neue Sternbilder. Stierstadt i. T.: Eremitenpresse 1968. S. 39.

Wolfdietrich Schnurre

Geb. 22. 8. 1920 in Frankfurt a. M. 1935–39 Besuch des Gymnasiums, 1939–45 Soldat, ab 1945 publizistische Tätigkeit als Buchrezensent, Film- und Theaterkritiker, Mitbegründer der Gruppe 47, ab 1950 freischaffender Schriftsteller, 1961 Austritt aus dem PEN-Zentrum der Bundesrepublik Deutschland, Mitglied der Deutschen Akademie für Sprache und Dichtung in Darmstadt, lebt jetzt in West-Berlin. – Erzähler, Feuilletonist, Hörspiel- und Kinderbuchautor, Verfasser von Gedichten, Fernsehspielen und Essays. 1958 Westberliner Fontane-Preis, 1958 Preis »Junge Generation« des Berliner Kunstpreises für Literatur, 1959 Immermann-Preis, 1960 Georg-Mackensen-Erzählerpreis. – *Die Prinzessin.* Aus: W. S., Rapport des Verschonten. Geschichten. Zürich: Arche 1968. S. 61–64.

Wolfgang Weyrauch

Geb. 15. 10. 1907 in Königsberg, gest. 7. 11. 1980 in Darmstadt. Gymnasium, Schauspielschule in Frankfurt a. M., Schauspieler in Münster, Bochum, Thale. Studium der Germanistik, Romanistik und Geschichte in Berlin, ab 1933 dort Verlagslektor, 1940–45 Soldat, Kriegsgefangenschaft, 1946–48 Redakteur an der Zeitschrift »Ulenspiegel« in Berlin, 1950–58 Lektor bei Rowohlt, ab 1959 als freischaffender Schriftsteller in Darmstadt. Mitglied der Gruppe 47, des PEN-Zentrums der Bundesrepublik Deutschland und der Deutschen Akademie für Sprache und Dichtung in Darmstadt. – Lyriker, Erzähler und Hörspielautor. 1962 Hörspielpreis der Kriegsblinden. – *Das Unterseeboot.* Aus: W. W., Unterhaltungen von Fußgängern. München: Goldmann 1966. (Goldmanns gelbe Taschenbücher 1706.) S. 153 f.

Gabriele Wohmann

Geb. 21. 5. 1932 in Darmstadt. Studium der Literatur- und Musikwissenschaft, Lehrerin auf Langeoog und in Darmstadt, lebt als freischaffende Schriftstellerin und Kritikerin in Darmstadt, Mitglied der Gruppe 47, seit 1960 Mitglied des PEN-Zentrums der Bundesrepublik Deutschland, 1967/68 Stipendium der Villa Massimo in Rom. – Erzählerin, Hörspiel- und Fernsehspielautorin, auch Lyrikerin. 1965 Georg-Mackensen-Preis für die beste deutsche Kurzgeschichte, 1971 Literaturpreis der Stadt Bremen. – *Muränenfang.* Aus: Horst Bingel (Hrsg.), Deutsche Prosa. Erzählungen seit 1945. München: Deutscher Taschenbuch Verlag 1974. (sr dtv 46.) S. 54. – *Die Klavierstunde.* Aus: G. W., Erzählungen. München: Langewiesche-Brandt 1966. S. 69–72.

Wolf Wondratschek

Geb. 14. 8. 1943 in Rudolstadt (Thüringen). Studium der Germanistik in Heidelberg, Göttingen und Frankfurt a. M., lebt als freischaffender Schriftsteller in Frankfurt a. M. – Erzähler, Lyriker und Kritiker. 1970 Hörspielpreis der Kriegsblinden. – *Papier.* – *Hausaufgaben.* Aus: W. W., Früher begann der Tag mit einer Schußwunde. München: Hanser 1969. (Reihe Hanser 15.) S. 50 f., 75, 76, 77.

V. Literaturhinweise zur Gattungstheorie

Bender: Hans: Ortsbestimmung der Kurzgeschichte. In: Akzente 9 (1962) Heft 3, S. 205–225.

Doderer, Klaus: Die Kurzgeschichte in Deutschland. Ihre Form und ihre Entwicklung. Darmstadt [3]1972.

Donnenberg, Josef: Bevorzugte Gattungen I: Kurzgeschichte, Reportage, Protokoll. In: Walter Weiss u. a.: Gegenwartsliteratur. Stuttgart 1973. (Urban-Tb. 162.) S. 78–92.

Durzak, Manfred: Die deutsche Kurzgeschichte der Gegenwart. Stuttgart 1980.

Feinäugle, Norbert (Hrsg.): Satirische Texte. Stuttgart 1976. (Reclams UB Nr. 9525.)

Hein, Jürgen (Hrsg.): Deutsche Anekdoten. Stuttgart 1976. (Reclams UB Nr. 9825.)

Höllerer, Walter: Die kurze Form der Prosa. In: Akzente 9 (1962) Heft 3, S. 226–245.

Kuipers, Jan: Zeitlose Zeit. Die Geschichte der deutschen Kurzgeschichtsforschung. Groningen 1970.

Lixfeld, Hannsjost (Hrsg.): Witz. Stuttgart 1978. (Reclams UB Nr. 9542.)

Lubbers, Klaus: Typologie der Short Story. Darmstadt 1977. (Impulse der Forschung 25.)

Nayhauss, Hans-Christoph Graf von (Hrsg.): Theorie der Kurzgeschichte. Stuttgart 1977. (Reclams UB Nr. 9538.)

Poser, Therese (Hrsg.): Fabeln. Stuttgart 1975. (Reclams UB Nr. 9519.)

Poser, Therese (Hrsg.): Parabeln. Stuttgart 1978. (Reclams UB Nr. 9539.)

Rohner, Ludwig: Theorie der Kurzgeschichte. Frankfurt a. M. 1973.

Theiß, Winfried (Hrsg.): Kalendergeschichten. Stuttgart 1977. (Reclams UB Nr. 9872.)

Erläuterungen und Dokumente

zu Büchner, *Dantons Tod.* 8104 – zu Büchner, *Woyzeck.* 8117 – zu Droste-Hülshoff, *Die Judenbuche.* 8145 – zu Dürrenmatt, *Der Besuch der alten Dame.* 8130 – zu Fontane, *Effi Briest.* 8119 [2] – zu Fontane, *Frau Jenny Treibel.* 8132 [2] – zu Fontane, *Irrungen, Wirrungen.* 8146 [2] – zu Fontane, *Schach von Wuthenow.* 8152 [2] – zu Fontane, *Der Stechlin.* 8144 [2] – zu Frisch, *Biedermann und die Brandstifter.* 8129 [2] – zu Goethe, *Egmont.* 8126 [2] – zu Goethe, *Götz von Berlichingen.* 8122 [2] – zu Goethe, *Hermann und Dorothea.* 8107 [2] – zu Goethe, *Iphigenie auf Tauris.* 8101 – zu Goethe, *Die Leiden des jungen Werthers.* 8113 [2] – zu Goethe, *Torquato Tasso.* 8154 [3] – zu Grass, *Katz und Maus.* 8137 [2] – zu Grillparzer, *König Ottokars Glück und Ende.* 8103 – zu Grillparzer, *Weh dem, der lügt!* 8110 – zu Hauptmann, *Bahnwärter Thiel.* 8125 – zu Hauptmann, *Der Biberpelz.* 8141 – zu Hebbel, *Agnes Bernauer.* 8127 [2] – zu Hebbel, *Maria Magdalena.* 8105 – zu Heine, *Deutschland. Ein Wintermärchen.* 8150 [2] – zu Hoffmann, *Das Fräulein von Scuderi.* 8142 [2] – zu Kaiser, *Von morgens bis mitternachts.* 8131 [2] – zu Keller, *Das Fähnlein der sieben Aufrechten.* 8121 – zu Keller, *Romeo und Julia auf dem Dorfe.* 8114 – zu Kleist, *Das Käthchen von Heilbronn.* 8139 [2] – zu Kleist, *Michael Kohlhaas.* 8106 – zu Kleist, *Prinz Friedrich von Homburg.* 8147 [3] – zu Kleist, *Der zerbrochne Krug.* 8123 [2] – zu J. M. R. Lenz, *Die Soldaten.* 8124 – zu Lessing, *Emilia Galotti.* 8111 [2] – zu Lessing, *Minna von Barnhelm.* 8108 – zu Lessing, *Nathan der Weise.* 8118 [2] – zu Th. Mann, *Mario und der Zauberer.* 8153 – zu Th. Mann, *Tristan.* 8115 – zu Meyer, *Das Amulett.* 8140 – zu Mörike, *Mozart auf der Reise nach Prag.* 8135 [2] – zu Nestroy, *Lumpazivagabundus.* 8148 [2] – zu Nestroy, *Der Talisman.* 8128 – zu Schiller, *Don Carlos.* 8120 [3] – zu Schiller, *Kabale und Liebe.* 8149 [2] – zu Schiller, *Maria Stuart.* 8143 [3] – zu Schiller, *Die Räuber.* 8134 [3] – zu Schiller, *Wallenstein.* 8136 [3] – zu Schiller, *Wilhelm Tell.* 8102 – zu Shakespeare, *Hamlet.* 8116 [3] – zu Stifter, *Abdias.* 8112 – zu Stifter, *Brigitta.* 8109 – zu Storm, *Der Schimmelreiter.* 8133 [2] – zu Wedekind, *Frühlings Erwachen.* 8151 [2] – zu Zuckmayer, *Der Hauptmann von Köpenick.* 8138 [2]

Philipp Reclam jun. Stuttgart